생성형 AI와 온라인 PR

AI문고

인공지능 시대입니다. 기계가 인간의 인지를 대신하고, 사물이 인간을 통하지 않고 다른 사물과 직접 커뮤니케이션합니다. 이에 따른 인간 삶과 문명 변화를 정확히 이해·예측·대응하는 것은 이 시대 우리 모두의 과제입니다. AI문고는 인공지능 기술과 환경의 여러 주제를 10가지 키워드로 정리합니다. 관련 개념과 이론, 학계와 산업계의 쟁점, 우리 일상의 변화를 다룹니다. 인간과 기술의 현재, 미래를 세심히 분석합니다.

일러두기

- 인명, 작품명, 저서명, 개념어 등은 한글과 함께 괄호 안에 해당 국가의 원어를 병기했습니다.
- 외래어 표기는 현행 어문규정의 외래어표기법을 따랐습니다.
- 이 책의 일부 내용은 챗GPT, 클로드 등 생성형 AI의 도움을 받았습니다.

처음이세요?

전문가세요?

생성형 AI와 온라인 PR

김태욱

대한민국, 서울, 커뮤니케이션북스, 2025

생성형 AI와 온라인 PR

지은이 김태욱
펴낸이 박영률

초판 1쇄 펴낸날 2025년 8월 22일

커뮤니케이션북스(주)
출판 등록 2007년 8월 17일 제313-2007-000166호
02880 서울시 성북구 성북로 5-11
전화(02) 7474 001, 팩스(02) 736 5047
commbooks@commbooks.com
www.commbooks.com

ISBN 979-11-430-0374-4 03500

책값은 뒤표지에 표시되어 있습니다.

차례

AI 시대를 준비하는 PR팀

AI 시대 PR팀의 역할

AI(Artificial Intelligence, 인공지능)는 누구나 사용할 수 있지만, 그 사용의 핵심은 일의 본질을 이해하는 데 있다. AI 시대에 PR(Public Relations)팀은 단순히 보도자료 배포나 온라인 콘텐츠 발행을 넘어 AI 환경을 기반으로 전략적 커뮤니케이션을 고민해야 한다.

이제 PR팀은 AI의 작동 원리와 데이터를 깊이 이해하고, 고객이나 다양한 이해관계자들에게 신뢰를 줄 수 있는 콘텐츠를 제작해야 한다. 즉 고객의 요구와 사회 트렌드를 면밀히 파악하고, 고객의 관심과 구조화한 데이터를 담은 AEO(Answer Engine Optimization, 답변엔진 최적화)에 적합한 콘텐츠를 생산해야 한다. 이런 콘텐츠는 AI가 학습하기 쉬운 콘텐츠이며, 네이버와 구글의 '검색' 시대를 넘어 AI '답변'의 시대에 PR팀이 경쟁력을 갖추는 핵심이 된다.

또 PR 업무의 자동화는 필수다. PR팀에서는 정형화한 보도자료 작성이나 소셜미디어 콘텐츠 글, 자주 발생하는 이메일 대응 등 반복적 업무는 AI에 맡기고, PR 실무자가 더 창의적이고 전략적인 업무에 집중할 수 있는 환경을 조성해야 한다. AI와 소셜미디어, 블로그 등을 유기적으로 활용해 질문형 콘텐츠와 데이터 기반 스토리텔링을 강화하고, AI 성과 분석 도구로 전략의 효과를 측정하여 지속해서 개선하는 체계를 구축해야 한다. 이러한 변화와 혁신을 이루는 PR팀만이 AI 시대에 당당하게 맞설 수 있을 것이다.

PR팀의 AI 활용에서 중요한 것은 PR의 본질을 이해하는 것이다. PR은 공중 관계다. 말 그대로 보면, 공중과의 관계를 잘 형성하는 것을 말한다. 미국PR협회(Public Relations Society of America)에서는 "PR은 조직과 공중 사이에 서로 유익한 관계를 구축하는 전략적 커뮤니케이션 과정이다"라고 했고, 한국PR협회는 "PR은 조직과 공중이 쌍방향 소통으로 상호호혜적인 관계를 형성하고, 유지하며, 지속 가능한 발전을 추구하는 전략적 관리 기능이다"라고 정의했다. 순천향대학교 최준혁 교수는 "PR은 조직에 영향을 미칠 수 있는 공중과의 관계를 상호 호혜적으로 관리함으로써 조직의 문제를 해결하는 과정이다"라고 했다. 이런 PR의 본질을 이해하고 업무를 아는 사람이 AI에 제대로 지시하고, AI가 생성한 결과물을 제대로 검증하고 활용할 수 있다.

그런 이유로 AI 시대에 PR 실무자에게 요구되는 첫 번째 역량은 바로 PR 본질과 업무의 이해다. PR을 제대로 이해하고 할 줄 아는 사람만이 AI를 파트너로 삼아 전략을 수립하고 콘텐츠를 생성할 수 있다. 여기에 더해 조직에 대한 깊은 이해, AI 기술에 대한 이해와 실무 적용 역량을 갖추는 것이 필수다.

두 번째로 중요한 역량은 AI의 정보 처리 방식에 대한 이해다. 생성형 AI(Generative Artificial Intelligence)는 방대한 데이터를 학습하고, 사용자의 질문에 최적화한 답변을 제공한다. LLM(Large Language Model, 대규모 언어 모델) 기반의 챗GPT(ChatGPT)나 클로드(Claude)와 같은 모델은 사용자의 질문 의도를 파악하고 자연스러운 문맥을 이해한 뒤 응답을 생성한다. 이러한 작동 방식을 이해해야만 AI가 학습할 수 있는 콘텐츠, 즉 AEO에 적합한 콘텐츠를 설계하는 데 유리하다.

세 번째로 필요한 역량은 데이터 분석 능력이다. 이제 PR팀에게 데이터 리터러시는 선택이 아닌 필수가 되었다. 대규모 데이터를 분석해 트렌드와 이용자의 요구를 파악하고, 이를 바탕으로 콘텐츠를 제작해야 한다. 예를 들어, FAQ(자주 묻는 질문) 콘텐츠는 단순한 정보 제공을 넘어 AI 학습 데이터로 활용될 수 있다. 소셜미디어 데이터를 분석해 떠오르는 키워드를 파악하고 이를 콘텐츠에 반영하는 능력은 PR 전략을 더욱 정교하게 만든다.

마지막으로, 새로운 기술과 트렌드에 대한 지속적인 학습이 필요하다. AI 관련 워크숍과 교육 프로그램에 적극적으로 참여하고, 최신 도구와 기법을 빠르게 익히는 자세가 중요하다. AI 기술에 대한 활용은 이제 PR 실무자의 필수 조건이 되었다.

필자는 PR 분야에서 AI를 활용하는 방법을 크게 ABCD 네 가지 영역으로 나누었다. Automation(업무 자동화), Brainstorming(브레인스토밍), Contents creation(콘텐츠 제작), Data analysis & Monitoring(데이터 분석과 모니터링)으로, 매일 반복되는 PR 업무 자동화, AI와 브레인스토밍을 활용한 아이디어 개발과 검증, 창의적 콘텐츠 제작, 데이터 분석과 모니터링이다. 이 네 가지 영역을 소개하겠다.

반복적 업무를 자동화하는 AI

첫째, 업무 자동화(A) 영역이다. AI 시대의 PR팀에 가장 먼저 찾아오는 변화는 자동화다. 반복적이고 정형화한 업무를 AI에 맡기고, PR팀은 더 창의적이고 전략적인 업무에 집중하는 구조로 전환하고 있다. PR 업무 자동화는 먼 미래의 이야기가 아니다. 이미 여러 조직이 보도자료 작성, 뉴스 배포, 소셜미디어 콘텐츠 관리, 미디어 모니터링 등의 실무 영역에 AI를 도입하거나 준비하고 있다.

챗GPT나 클로드 같은 생성형 AI는 정형화한 보도자료 초안을 빠르게 쓸 수 있다. 여기에 기업이나 기관의 최근 소식, 수치, 일정, 인용문 등 필요한 정보를 입력하면, 일관된 구조와 어조로 보도자료가 자동으로 생성된다. 과거에는 보도자료 하나를 완성하기 위해 여러 차례 초안을 수정하고, 검토를 거쳐야 했지만, 이제는 AI가 이를 삽시간에 작성할 수 있게 되었다. 물론 최종 판단은 사람의 몫이지만, 초안을 매우 신속하게 생성할 수 있다. AI의 큰 장점 중 하나는 매우 신속하다는 점이다.

소셜미디어 콘텐츠 관리에서도 AI는 강력한 도구로 자리매김하고 있다. 미리 설정한 키워드나 주제에 따라 콘텐츠를 자동으로 생성하고, 예약 발행하거나 특정 시간대에 맞춰 최적화한 포스트를 자동 배포할 수 있다.

더 나아가 AI는 기업의 뉴스룸 운영 방식도 바꾸고 있다. 기업은 뉴스 발표, 보도자료 배포, 주요 소식 정리, 언론 보도 대응 등 수많은 PR 업무를 하나의 플랫폼에서 통합적으로 자동화하고 있다. AI 기반의 뉴스룸은 실시간으로 정보를 수집하고, 보도자료를 업데이트하며, 언론 보도 여부를 모니터링해 즉각 대응까지 가능하게 한다. 예를 들어 어떤 기사에 사회적 반응이 급격히 나타난다면, AI가 이를 감지하고 담당자에게 알려 주거나 관련 콘텐츠를 자동으로 제안하는 시스템도 구축할 수 있다.

이처럼 PR 자동화는 단순히 업무량을 줄이는 것을 넘어 PR 전략의 효율성과 속도를 높이는 데 결정적인 역할을 한다. 중요한 것은 AI가 아무리 뛰어나더라도 그 결과물은 PR의 본질과 전략적 사고 위에서만 진정한 가치를 발휘할 수 있다는 점이다.

언제 어디서나 토론이 가능한 AI

둘째, 브레인스토밍(B) 영역이다. PR은 대부분 질문에서 시작한다. "이번에는 어떤 메시지를 어떤 방식으로 전달할까", "공중의 반응을 어떻게 끌어낼 수 있을까", "기존과는 다른 방식으로 이야기를 풀 수는 없을까". 이런 질문들에 답을 찾는 과정, 즉 아이디어 발굴이야말로 PR의 출발점이자 본질이다. 이때 AI는 PR 실무자의 브레인스토밍 파트너가 된다. PR 실무자는 AI와 함께 아이디어를 생성하고, 기존 아이디어를 보완하며, 실행 전 다양한 시나리오를 시뮬레이션할 수 있다. 이제 혼자 머리를 싸매고 기획안을 짤 필요가 없다. 언제 어디서나 AI와 토론을 할 수 있다.

AI로 PR 캠페인을 기획할 수 있다. 이미 말했듯이 PR은 조직의 문제를 해결해야 한다. 기업이나 기관에 문제가 발생하면 각 부서는 자신의 역할에 따라 문제 해결을 위해 노력해야 한다. 영업팀은 영업으로, 인사팀은 인사로, 당연히 PR팀은 PR 활동으로 조직 문제 해결에 일조해야 한다. PR 캠페인은 조직의 문제를 해결하기 위해 일정 기간 진행하는 PR 활동이다. 이제 AI와의 브레인스토밍으로 PR 캠페인을 기획하자. 즉 AI와 토론해서 조직의 문제를 규정하고 문제 해결을 위한 PR 캠페인을 브레인스토밍할 수 있다.

나만의 AI를 통해 맞춤형 아이디어를 창출할 수 있다. 특정 기업이나 기관의 브랜드 스토리, 톤 앤드 매너, 주요 이슈 등을 사전 학습한 AI를 기반으로 하면 훨씬 정교하고 실질적인 제안을 받을 수 있다. PR 실무자가 자주 다루는 주제, 반복되는 캠페인 유형 등을 기반으로 나만의 AI 조력자를 설정해 두면, 매번 처음부터 프롬프트에 내 정보를 사전 입력하는 수고를 덜고 아이디어 회의를 할 수 있다.

AI를 활용한 아이데이션(Ideation, 어떤 문제를 해결하거나 새로운 것을 만들기 위해 창의적인 생각을 다양하게 만들어 내는 활동) 역시 업무의 새로운 방식으로 자리 잡고 있다. 단순히 키워드를 입력해 연관 아이디어를 창출하고, 다양한 관점에서 질문을 던지고, 유사 사례를 비교하거나 반대 의견을 생성해 보는 등 아이디어를 생산하는 도구로 AI를 활용할 수 있다. 아이디어 회의를 위해서 참석자들과 참석 의사를 묻고, 시간을 조정하고, 미팅 장소를 잡아 준비해야 하는 기존의 회의실 중심의 브레인스토밍을 없애고 보다 효율적으로 미팅을 진행할 수 있다. 게다가 AI의 새로운 의견을 들을 수도 있다.

마지막으로, AI는 기존의 PR 콘텐츠를 개선하는 데도 유용하게 사용할 수 있다. 생성형 AI는 보도자료나 블로그 글, 사회관계망서비스(SNS) 게시글처럼 완성된 콘텐츠의 표현력을 강화하거나 문장 톤을 조정하고, 문법 오류를 수정하며, A/B 테스트를 위한 다양한 버전을 빠르게 생성할 수 있다.

이처럼 AI는 PR 아이디어의 기획, 창출, 확장, 개선까지 전 과정에서 동반자로 자리매김하고 있다. 여기서 중요한 것은 AI에 무엇을 맡길 것인가가 아니라, 어떻게 함께 일할 것인가 하는 고민이다. PR의 본질과 PR 업무를 이해하고 있는 실무자라면, AI와의 브레인스토밍 작업으로 창의성과 효율성 모두를 보완할 수 있다.

콘텐츠를 생성해 주는 생성형 AI

셋째, 콘텐츠 제작(C) 영역이다. PR팀에서 생성형 AI를 가장 자주 활용하게 되는 영역은 단연 콘텐츠 제작이다. PR 실무자는 매일 무언가를 쓰거나 만드는 일을 한다. 보도자료를 작성하고, 블로그 글을 작성해 올리고, SNS에 짧은 메시지를 붙이며, 카드뉴스나 동영상을 기획하고 제작한다.

이때 생성형 AI는 PR 실무자에게 매우 강력한 조력자가 된다. 특히 생성형 AI는 텍스트 중심 작업에서 탁월한 생산성을 보여 준다. 예를 들어, PR 실무자가 신제품 출시와 관련한 보도자료를 작성해야 한다면, 기본 정보와 핵심 메시지만 입력하면 AI가 기사체로 구성된 초안을 빠르게 작성해 준다.

AI는 단 하나의 버전만 제시하지 않는다. 다양한 스타일의 버전을 동시에 생성하게 할 수 있고, 목표 공중과 채널에 따라 문장의 톤과 길이를 조정할 수 있어 맞춤형 콘텐츠 제작도 할 수 있다. 같은 메시지라도 블로그용 긴 글, 인스타그램용 짧은 포스팅, 보도자료용 문장 등으로 다양하게 변형할 수 있다.

기획기사나 연설문 초안 작성에서도 AI는 실무자에게 도움을 준다. 기획기사 자료를 얻기 위해 최근 트렌드를 분석하고 제품이나 정책의 메시지와 연결하여 기획기사 자료를 도출해 낼 수 있다. 연설문 작성을 위해 발표 주제, 대상 청중, 시간 등의 조건만 입력하면, 구조적이고 설득력 있는 초안을 신속하게 구성해 준다. 이후 PR 실무자가 조직의 맥락과 화자의 개성을 반영해 내용을 다듬으면, 더 효과적인 발표 자료를 작성할 수 있다. 이처럼 AI는 업무의 속도를 높이고, 아이디어를 구체화하는 데 실질적 도움을 준다.

AI를 활용해 보도자료를 작성하는 지자체와 기업 사례도 있다. 경기도는 '보도자료 GPTs'를 도입해, PDF나 이미지 첨부 자료만 입력하면 10분 내 자동으로 보도자료 초안을 생성하는 시스템을 운영하고 있다. 이 GPTs는 경기도 보도자료 데이터를 학습시켜 지역 특화형 언어 모델로 튜닝한 것이 특징이다. 광주광역시도 'AI 대변인'이라는 GPTs를 개발해 정보만 입력하면 서식과 표현 가이드를 반영한 보도자료를 자동 생성하게 한다. 기업의 경우, 삼성전자는 자체 AI 모델 'GAUSS'로 보도자료와 이메일 작성, 문서 요약과 번역 등에 활용하고 있다.

스타트업들은 보도자료 작성 전문 AI인 '퓰리처 AI(PulitzerAI)'와 'AIPR' 등을 활용한다. 특히 AIPR은 초안 생성 후 기자 데이터베이스(DB) 기반으로 관련 매체 추천과 자동 배포 기능까지 제공해 실질적인 미디어 노출로 연결되는 점이 강점이다.

AI는 블로그나 인스타그램 등 소셜미디어 콘텐츠 제작도 도와준다. 특히 온라인에서 많이 사용되는 어휘와 문체를 학습한 AI는 사람의 언어처럼 자연스럽고 설득력 있는 문장을 만들어 낸다. AI는 "스토리 형식으로 풀어 줘", "친근한 문장으로 바꿔 줘", "이모지를 넣어 줘" 같은 요청도 반영할 수 있다.

콘텐츠 생성에서는 AI는 트랜스포머 같다. 보고서 자료로 보도자료도 써 주고, 블로그 글로 카드뉴스도 기획해 주고, 유튜브 동영상으로 블로그 글도 작성해 주고, 보도자료로 동영상 기획도 해 준다. 직접 전환도 해 주고, 때론 다른 도구를 거쳐서도 가능하다.

콘텐츠는 단순한 정보 전달을 넘어, 공중과 신뢰를 쌓고 조직의 이미지를 각인시키는 핵심 수단이다. 그렇기에 PR 콘텐츠는 단순히 정확하기만 해서는 부족하다. PR 콘텐츠는 소셜미디어 사용자가 콘텐츠를 볼 수 있도록 언제나 매력적이어야 한다. 이 부분에서도 AI는 도움을 준다. 생성형 AI는 반복 작업을 넘어서 색다른 아이디어로 콘텐츠도 제작할 수 있다.

하지만 분명히 짚고 넘어가야 할 점도 있다. AI가 제시한 문장은 아무리 자연스럽고 유려하더라도, 그것이 우리 조직의 메시지인지 판단하는 일은 결국 사람의 몫이다. AI는 맥락을 완벽히 이해하지 못한다. PR 실무자는 AI가 생성한 콘텐츠가 조직의 가치와 전략적 목적에 부합하는지 최종적으로 점검하고 책임져야 한다. 콘텐츠 제작의 주도권은 여전히 사람에게 있고, AI는 그 곁에 도와주는 조력자일 뿐이다.

PR은 메시지를 담은 글, 이미지, 영상 등의 콘텐츠를 통해 기업과 공중을 연결하는 일이다. 생성형 AI는 이 콘텐츠를 더 빠르게, 더 정교하게, 그리고 더 풍부하게 만들 수 있도록 도와준다. 중요한 것은 AI가 무엇을 만들 수 있느냐가 아니라, PR 실무자가 무엇을 만들고자 하느냐다. 그 의도를 가장 잘 실현할 수 있는 콘텐츠 파트너가 바로 AI다.

자료를 찾아 분석해 주는 AI

넷째, 데이터 분석과 모니터링(D) 영역이다. PR은 단순한 메시지 전달이 아니라, 사회와 공중이 메시지를 어떻게 받아들이는지 파악하고, 그에 따라 전략을 조정하는 과정이다. 과거에는 여론을 파악하려면 설문조사를 돌리거나 기사를 하나하나 수작업으로 모니터링해야 했지만, 이제는 AI가 실시간으로 그 역할을 대신할 수 있다.

필자는 챗GPT 심층 리서치에 "3월 21일부터 30일까지 주요 일간지 대상으로 '더본코리아' 기사를 찾아 요약해 줘"라고 했다. 그리고 후속 요청으로 논조와 정서 분석, 긍정과 부정 요소 파악, 주요 키워드 파악을 요청하고 또 PR 인사이트와 전략을 요청해 보았다. 챗GPT는 26개의 기사를 분석하고 답변을 했다. 그리고 필자가 원하는 형식의 보고서를 제공해 주었다.

이제 AI는 뉴스 기사, 블로그, 소셜미디어, 온라인 커뮤니티 등에서 기업이나 기관의 브랜드나 정책, 사업 등 언급을 모니터링하고, 이를 바탕으로 인사이트(insight)를 도출해 낸다. PR 실무자는 이 데이터를 활용해 기업이나 기관의 공중 반응과 관심사의 변화를 분석해 맞춤형 콘텐츠 전략을 세우기도 하고, 위기 징후를 조기에 감지해 커뮤니케이션 전략을 신속하게 조정할 수 있다. 예를 들어, 갑작스러운 부정적 키워드의 확산이나, 특정 지역과 연령대에서 특정 이슈가 유독 많이 언급되는 상황을 AI가 감지하면, PR팀은 이를 기반으로 원인을 분석하고 대응 메시지를 마련할 수 있다.

AI를 활용한 모니터링은 단순한 자동화를 넘어 예측과 시나리오 대응의 기반이 된다. 생성형 AI는 뉴스 속보나 관련 기사, 이슈 게시글 등을 신속하게 수집해 맥락을 정리하고, 위기 대응 메시지를 자동으로 제안하거나, 유사 사례를 근거로 대응 전략을 추천해 주기도 한다. 예를 들어 "이런 사건이 과거에 어떤 브랜드에 어떤 영향을 끼쳤는지 알려 줘"라는 요청을 통해 대응의 힌트를 얻을 수 있다.

여론이나 뉴스 모니터링을 위해 챗GPT, 클로드, 제미나이(Gemini) 등 생성형 AI를 활용하거나 검색에 특화한 검색형 AI 퍼플렉시티(Perplexity), 젠스파크(GenSpark) 등을 활용할 수 있다. 또, AI 기반 뉴스 모니터링과 분석 시스템인 한국언론진흥재단이 운영하는 빅카인즈(www.bigkinds.or.kr)를 활용하면 뉴스 모니터링과 분석에 효과적이다. 빅카인즈는 종합일간지, 경제지, 지역일간지, 방송사 등 국내 1억 건 이상의 뉴스 빅데이터를 분석하는 서비스로 뉴스 원문을 검색하고 분석 자료를 받고, 관심 뉴스를 메일로 받을 수 있다.

AI를 활용해 데이터를 수집하고 분석하는 방법은 크게 세 가지로 나뉜다. 첫째, 챗GPT나 퍼플렉시티 등 AI

프롬프트에 직접 조사 요청을 하는 방법이다. 예를 들어, "최근 3개월간 소셜미디어에서 언급된 ○○브랜드 관련 이슈를 정리해 줘"와 같은 형태로 질문하면, 관련 키워드와 트렌드를 정리한 요약본을 받을 수 있다. 둘째, 생성형 AI에 공중 관련 데이터를 이미지나 표 형태로 업로드한 뒤 분석을 요청하는 방식이다. 예를 들어, 보도자료 반응을 시간대별로 정리한 차트를 넣으면, AI가 어떤 시간대에 가장 긍정적 반응이 많았는지를 요약해 주는 식이다. 셋째는 엑셀에서 코파일럿(Copilot) 기능을 활용하는 방법이다. 특정 시트에 데이터를 입력하고 "최근 4주간 부정 언급 비율을 알려 줘" 혹은 "긍정 반응이 많은 키워드를 추출해 줘"라고 입력하면, 엑셀이 AI 분석 도구로 작동한다.

이렇게 AI는 모니터링을 해 주고 데이터 분석을 도와준다. 하지만 전략을 세우는 건 결국 사람이다. 그리고 그 전략은 숫자가 아닌 맥락을 읽을 줄 아는 PR 실무자의 통찰에서 출발한다. AI는 실시간 데이터 흐름을 보여주는 지도이고, 그 지도를 보고 어디로 갈지 결정하는 건 여전히 사람이다.

10개 아이템 선정 이유와 방식

"우리 홈페이지와 블로그 유입 경로를 보니, 챗GPT와 퍼플렉시티가 눈에 띄네요."

"운영하는 홈페이지 상위 레퍼럴(Referral, 홈페이지나 블로그에 방문자가 들어오게 된 외부 경로)을 보니 3, 4위에 챗GPT와 퍼플렉시티가 있어요."

최근 몇몇 PR 컨설턴트의 말이다. 필자의 블로그도 확인해 보니 역시 유입경로에 챗GPT와 퍼플렉시티가 제법 있다. 생성형 AI가 가져온 변화 중 하나는 정보 검색 방식의 변화다. 구글이나 네이버 등 검색 사이트에서 키워드로 정보를 찾던 방식에서 이제는 챗GPT, 클로드, 퍼플렉시티, 제미나이, 클로바X(CLOVA X) 등 생성형 AI에 질문하고 원하는 답변을 얻는 시대로 접어들었다.

이러한 변화는 기업이나 기관의 온라인 PR 전략에도 새로운 패러다임을 요구하고 있다. 기존의 SEO(Search Engine Optimization, 검색엔진 최적화)에 중점을 둔 전략을 넘어 AI가 이해하고 학습할 수 있는 고품질 콘텐츠 제작이 핵심 전략으로 변해야 한다. 물론 소비자의 검색 활동이 완전히 없어져 검색 기반 전략이 완전히 없어지는 건 아니다.

이제 소비자는 점점 AI가 제공하는 정보를 신뢰하고

이를 구매 결정에 적극적으로 활용할 것이다. 이는 기업이나 기관에 새로운 기회인 동시에 도전이 되고 있다. 성공적인 온라인 PR를 위해서는 소비자에게 정확하고 신뢰할 수 있는 정보를 제공하는 것은 당연하고, AI 시스템이 학습하고 이해해 AI 사용자의 물음에 답변으로 만들어 전달할 수 있는 형태로 콘텐츠를 학습하기 쉽게 구조화하는 것이 필수다. 결국 소비자가 "이거 AI가 추천한 제품이야"라고 말할 때 우리 제품이 언급되어야 한다.

이 책은 이러한 AI 환경 변화 속에서 기업기관의 온라인 PR이 나가야 할 방향을 제시하려 한다. SEO에서 AEO로의 전환 전략과 생성형 AI 시대에 맞는 효과적인 콘텐츠 전략을 다루었다.

첫 번째 파트인 1, 2, 3장은 생성형 AI 시대 도래로 온라인 PR 전략이 SEO 검색 중심에서 AEO 전략으로 전환하는 배경과 이유를 밝혔다. 1장은 'AI 시대의 PR 환경 변화'로 생성형 AI 등장과 PR, 스마트폰과 소비자의 정보 탐색 변화, SEO에서 AEO로 전환, AI와 검색엔진의 결합에 관한 내용을 담았다. 2장은 'PR과 답변엔진 최적화 AEO'로 답변엔진 최적화 AEO의 필요성, 검색엔진과 생성형 AI 비교, AI 검색 시대 AEO 역할을 담았다. 3장은 '생성형 AI가 바꾸는 온라인 PR'로 고객의 검색 방식 변화와 기업의 대응, AI의 답변 생성 과정, 기업의 AI 친화적 콘텐츠 전략 등의 내용이다.

두 번째 파트인 4, 5, 6장은 AEO 전략 설계와 실행을 위한 기본 가이드로 AEO에 적합한 구조화한 콘텐츠 전략과 보도자료, 블로그, 소셜미디어 전략을 설명했다. 4장은 'AEO를 대비한 구조화 콘텐츠 전략'으로 AI가 학습하기 좋아하는 콘텐츠 유형 6가지, 고객과 구조화한 콘텐츠 마크다운, 웹과 구조화한 콘텐츠 마크업(Markup)을 정리했다. 5장은 'AEO와 보도자료 및 블로그 전략'으로 AI 친화적 보도자료 전략, 사용자 질문과 의도 반영한 블로그, 키워드와 메타데이터 최적화에 관한 내용이다. 6장은 'AEO와 SNS 콘텐츠 최적화'로, 트렌드 키워드와 소비자 연결, 효과적인 질문형 게시물, 해시태그와 링크 최적화를 담았다.

세 번째 파트인 7장과 8장은 기업과 기관의 AEO 전략 실행 방법으로 7장은 'AI와 보도자료 작성과 배포'로 기본 구조를 활용한 보도자료 작성법, AI와 언론 대상의 핵심 메시지 전달, AEO 최적화를 위한 타깃 배포 전략을 정리했다. 8장은 'AI와 블로그 및 SNS 포스팅'으로 AEO 친화적 블로그 콘텐츠 작성, HTML로 블로그 작성과 포스팅 방법 6단계, SNS 질문형 게시물과 해시태그 전략,

AI 트렌드 모니터링을 활용해 카드뉴스 콘텐츠 기획과 포스팅 방법 5단계를 담았다.

네 번째 파트인 9장과 10장은 기자단과 뉴스룸 운영에 관한 내용이다. 9장은 'AEO와 사내외 기자단 운영' 방법으로 AEO를 위한 사내 기자단의 역할, 사외 기자단 등 외부 전문가 활용, AEO 전략을 위한 기자단 운영에 관한 내용을 소개했다. 마지막 10장은 'AI 시대 뉴스룸 운영 전략'으로 구조화한 데이터 활용 뉴스룸 페이지, AEO 친화적 콘텐츠 개발, 위기관리와 대응 방안, AI 활용 조직으로 변화를 정리했다.

이 책에는 이렇게 선정한 10개 아이템을 정리했다. AI 시대를 맞이하여 기업기관의 PR팀과 PR 실무자, 그리고 조직에서 어떻게 PR 방향을 잡고 준비해야 하는지 정리했다. 아무쪼록 기업, 정부 부처, 지자체, 공공기관에서 일하는 PR 실무자가 온라인 PR 전략을 수립하고 실행하는 데 도움이 되기를 바란다.

참고문헌

김덕진 · 서승완(2024). 《챗봇 2025 트렌드 & 활용백과》. 스마트북스.

김태욱(2015). 《똑똑한 홍보팀을 만드는 실전홍보세미나》. 커뮤니케이션북스.

김태욱(2024). 《AI로 PR하기》. 커뮤니케이션북스.
AImatters. “기업 홍보용 보도자료를 위한 생성형 AI 총집합”.
https://aimatters.co.kr/ai-tool/ai-tool-how-to/564/
뉴시스. “뉴스 분석 시스템 ‘빅카인즈’, AI 기반 뉴스 서비스로 개편”.
https://www.newsis.com/view/NISX20250407_0003128801

01
AI 시대의 PR 환경 변화

스마트폰과 AI 기술 발전으로 소비자 정보 탐색과 기업 PR 전략이 변화했다. 아이폰 출시 이후 검색엔진이 중요해지면서 소비자들은 블로그와 SNS 리뷰를 구매 판단 기준으로 삼게 되었다. 이제 기업은 키워드 기반 SEO보다 소비자 질문에 최적의 답변을 제공하는 AEO에 집중해야 한다. 생성형 AI의 발전으로 기업들은 AI 학습용 구조화한 데이터와 자연어 기반 답변을 준비해야 한다. 신뢰성 높은 정보 제공이 기업 경쟁력의 핵심이 되고 있다.

AI와 1인 창업?

생성형 AI 등장과 PR

2022년 11월 30일, 오픈AI(OpenAI)가 챗GPT(ChatGPT)로 포문을 연 '생성형 AI(Generative Artificial Intelligence)'는 어느새 우리 곁에 바짝 붙었다. 생성형 AI의 등장으로 사람들의 정보 검색 방식이 다양해졌다. 구글이나 네이버 같은 전통적 검색엔진뿐만 아니라 챗GPT, 클로드(Claude), 퍼플렉시티(Perplexity), 클로바X(CLOVA X) 같은 AI 플랫폼으로 정보를 찾는 사용자들이 급증하고 있다. 2024년 3월, 오픈서베이가 국내 15~59세 소비자 1000명을 대상으로 '일상에서 궁금한 것을 검색할 때 주로 이용하는 서비스 TOP 10'을 조사한 결과, 네이버가 87.0%의 점유율로 가장 높은 이용률을 기록했으며, 유튜브(79.9%)와 구글(65.8%)이 그 뒤를 이었다. 특히 챗GPT는 17.8%의 이용률을 보이며 새로운 검색 채널로 주목받았다. 현재 동일한 조사를 다시 진행한다면, 챗GPT뿐만 아니라 클로드, 퍼플렉시티, 코파일럿(Copilot), 제미나이(Gemini), 클로바X, 뤼튼(Wrtn), 에이닷(A.Dot), 딥시크(DeepSeek), 그록(Grok) 등 생성형 AI 서비스의 이용률이 더욱 증가했을 가능성이 크다.

디지털 시대의 소비자들은 스마트폰과 검색엔진으로 필요한 정보를 신속하게 탐색하며, 블로그 후기나 SNS

리뷰 등 실제 사용자 경험이 반영된 정보를 더욱 신뢰한다. 이에 따라 기업은 단순한 검색엔진 최적화(SEO, Search Engine Optimization)를 넘어 소비자에게 정확하고 신뢰할 수 있는 답변을 제공하는 것이 중요한 과제가 될 것이다.

이러한 흐름 속에 SEO에서 AEO(Answer Engine Optimization, 답변엔진 최적화)로의 전환이 가속화하고 있다. AEO는 검색 결과를 단순히 상위에 노출하는 것을 넘어 소비자의 질문에 직접적이고 명확한 답변을 제공하는 데 초점을 둔다. 특히 음성 검색과 같은 기술이 발전하면서 대화형 질문과 자연어 처리(NLP, Natural Language Processing) 기반의 정교한 콘텐츠가 더욱 중요해졌다.

AI 시대의 본격화는 검색엔진 최적화의 개념 자체를 바꾸고 있다. AI와 검색엔진이 결합하면서 소비자의 의도를 더욱 정밀하게 분석하고, 최적의 정보를 제공하는 방향으로 발전하고 있다. 따라서 기업이나 기관은 AEO를 고려해 구조화한 데이터나 질문형 문장 등 AI가 선호하는 콘텐츠를 활용하고 AI가 자사 콘텐츠를 효과적으로 학습할 수 있도록 유도해야 한다. 즉 PR(Public Relations) 전략에서 AEO를 효과적으로 활용하는 것은 소비자의 신뢰를 확보하고, 디지털 환경에서 경쟁력을 유지하는 핵심 요소가 되고 있다. 그럼 AI 시대에 소비자의 정보 탐색 변화에 따른 PR 환경 변화를 알아보자.

스마트폰과 소비자의 정보 탐색 변화

2007년 애플이 아이폰을 출시하면서 사람들은 스마트폰으로 뉴스를 확인하고 음성으로 날씨를 검색하며 온라인 쇼핑을 일상적으로 즐기게 되었다. 아이폰 탄생과 인스타그램, 유튜브 등 소셜미디어의 탄생 그리고 디지털 기술의 보편화는 사람들의 정보 탐색 방식까지 근본적으로 변화시켰다. 아이폰 모멘트(iPhone Moment)는 단순하게 '아이폰'이라는 신제품 출시를 넘어 사람들의 일상과 소비 습관을 혁신적으로 바꿔 놓았다.

아이폰 모멘트 이전에 사람들은 대부분 신문, TV, 라디오, 잡지 등 전통적 매체로 정보를 얻고 물건을 사기 위해 여러 매장을 직접 방문해야 했다. 하지만 이제는 거실에 앉아 스마트폰으로 검색하는 것만으로도 원하는 정보를 손쉽게 찾을 수 있게 되었다. 이렇게 스마트폰이 대중화하면서 검색엔진은 자연스럽게 가장 중요한 정보 탐색 기술로 자리 잡았다. 소비자들은 검색창에 키워드를 입력하고, 상위에 노출된 결과를 클릭해 신속하고 신뢰할 수 있는 정보를 얻는다. 특히 아이폰을 비롯한 스마트폰의 보급 확대는 언제 어디서든 정보를 쉽게 접할 수 있는 환경을 만들었고, 소비자의 기대 수준 또한 더욱 높아졌다.

소비자들은 제품을 구매하기 전에 스마트폰으로 블로그 후기, SNS 게시글, 온라인 커뮤니티 등에서 사용자 리뷰를 꼼꼼히 살펴보며, 단순한 광고보다 실제 사용자의 생생한 경험을 더욱 믿게 되었다. 이러한 변화에 따라 기업의 콘텐츠 전략도 당연히 달라져야 한다. 자사의 상품을 단순히 알리는 전략이 아니라 소비자의 질문을 제대로 파악하고, 소비자가 원하는 답을 명확하고 구체적으로 제공하는 방식으로 진화해야 한다.

이러한 흐름 속에서 등장한 개념이 바로 AEO다. 이제는 검색엔진 최적화를 넘어 소비자의 질문에 최적의 답변을 제공하는 전략이 필수가 되었다.

SEO에서 AEO로 전환

SEO는 오랫동안 온라인 PR의 핵심 전략으로 활용되었다. 키워드 최적화, 내부 링크 구축, 메타데이터 작성 등 다양한 기법으로 웹사이트의 검색 노출을 극대화하는 것이 주요 목표였다. 그러나 소비자들이 단순한 키워드가 아니라 신뢰할 수 있는 답변을 요구하면서, 기존 SEO의 한계가 점차 드러나기 시작했다.

AI 시대 소비자는 단순히 특정 제품명을 검색하는 것이 아니라 "이 제품이 좋은 이유는?"과 같은 대화식 질문을 던지고 이에 대한 명확한 답변을 원한다. 그 결과 검색엔진도 사용자의 질문 의도와 맥락을 이해하는 방향으로 진화하고 있다.

이미 언급했듯이 AEO는 단순히 검색 결과에서 상위 노출을 목표로 하는 것이 아니라, 소비자의 질문에 정확하고 신뢰할 수 있는 답변을 제공하는 데 초점을 둔다. 예를 들어 구글의 '피처드 스니펫(Featured Snippets)' 기능은 사용자가 입력한 질문에 대한 가장 적절한 답변을 검색 결과 상단에 바로 노출한다. 음성 검색의 확대도 AEO의 중요성을 더욱 강조하는 요소다. 음성 검색은 자연어 기반의 질문을 분석해 최적의 답변을 제공해야 하므로, 기업은 더욱더 정교한 데이터 기반 콘텐츠를 제공해야 한다.

AEO 구현을 위한 핵심 기술 중 하나가 '구조화한 데이터(Schema Markup)'다. 이는 HTML 코드에 콘텐츠의 의미를 추가로 설명하는 방식으로, 검색엔진이 정보를 더욱 정확하게 이해하도록 돕는다. 예를 들어 제품의 가격, 리뷰, 재고 상태 등을 명확히 표시하면, 검색엔진은 이를 더욱 유용한 정보로 인식하고 활용할 수 있다.

결국 SEO에서 AEO로의 전환은 단순한 기술적 변화가 아니라, 소비자와의 신뢰를 구축하고 브랜드 가치를 높이는 중요한 전략이다. AI 시대 PR 전략에서 AEO는 선택이 아닌 필수 요소로 자리매김할 수밖에 없다.

AI와 검색엔진의 결합

AI 기술의 발전은 PR 방식에도 큰 변화를 불러왔다. 그렇다고 검색엔진 기술이 없어진 건 아니다. 검색엔진은 이제 단순히 키워드를 매칭하는 것이 아니라, AI와 결합해 사용자 질문에 최적의 답변을 제공하는 방향으로 진화하고 있다.

예를 들어 구글의 자연어 처리 모델인 버트(BERT, Bidirectional Encoder Representations from Transformers) 알고리즘은 문맥을 이해하는 데 특화되어 있다. 사용자가 '가까운 카페'라고 검색하면, 현재 위치와 선호도를 반영한 최적의 결과를 제공한다. 이는 검색엔진이 단순한 키워드 매칭을 넘어, 사용자의 의도를 이해하는 방식으로 발전하고 있음을 의미한다.

생성형 AI의 도입은 검색엔진과 결합하여 사용자 경

험을 더욱 개인화하고 있다. 챗GPT, 클로드, 퍼플렉시티 등 AI는 방대한 데이터를 학습해 사용자 질문에 자연스러운 대화 형태로 답변을 제공한다.

이런 변화 속에서 기업이 해야 할 일은 뚜렷하다. AI가 학습할 수 있는 고품질 콘텐츠를 제공하는 것이다. 기업은 검색엔진을 고려해, 키워드가 담긴 콘텐츠의 제작을 넘어 AI가 소비자의 질문에 대답할 수 있도록 명확하고 믿을 수 있는 내용을 담아 콘텐츠를 제작해야 한다. 이로써 검색엔진과 AI가 기업의 정보를 효과적으로 학습하고, 더 나은 검색 결과로 연결할 수 있게 해야 한다.

음성 검색 역시 중요하다. 자연어 기반으로 이루어지는 음성 검색은 대화형 질문에 정교한 답변이 필요하기 때문이다. 예를 들어 "지금 영업 중인 카페 추천해 줘"라는 질문에는 위치 정보와 고객 리뷰를 반영한 정확한 답변이 제공되어야 하기 때문이다.

결국 AI와 검색엔진의 결합은 PR 전략의 새로운 기준을 요구하고 있다. 이제 기업의 목표는 단순히 검색 노출을 늘리는 것이 아니라, 소비자의 질문에 신뢰도가 높은 답을 제공하는 정보원이 되는 것이다. AEO 전략을 효과적으로 활용하는 것이 AI 시대 PR 경쟁력의 핵심이 될 것이다.

참고문헌

김지현(2024). 《IT 트렌드 2025》. CRETA.
김태욱(2024). 《AI로 PR하기》. 커뮤니케이션북스.
오픈서베이. '검색 트렌드 리포트 2024'.
https://blog.opensurvey.co.kr/trendreport/search-2024

02
PR과 답변엔진 최적화 AEO

AEO는 AI 기반 검색 환경에서 PR의 핵심 요소로 부상했다. 기존 SEO가 키워드 중심이었다면, AEO는 생성형 AI로 사용자 질문에 즉각적이고 신뢰성 높은 답변 제공에 집중한다. 기업은 구조화한 데이터와 질문 중심 콘텐츠를 구축해야 하며, 특히 음성 검색 확산과 함께 AEO의 중요성이 커지고 있다. AI 친화적 콘텐츠는 브랜드 신뢰도를 높이고 경쟁력 확보를 위한 필수 전략이다.

AI와 MBTI?

답변엔진 최적화 AEO의 필요성

AEO(Answer Engine Optimization, 답변엔진 최적화)는 사용자의 질문에 즉각적이고 정확한 답변을 제공하도록 콘텐츠를 최적화하는 PR(Public Relations) 전략이다. SEO(Search Engine Optimization, 검색엔진 최적화)가 사용자의 웹사이트 방문을 유도하는 것을 목표로 했다면, AEO는 사용자에게 챗GPT(ChatGPT), 클로드(Claude), 퍼플렉시티(Perplexity), 클로바X(CLOVA X)와 같은 생성형 AI(Generative Artificial Intelligence)의 직접적 답변 생성을 목표로 한다.

과거에는 '검색엔진'이라고 하면, 단순히 키워드와 관련된 웹페이지를 나열하는 데 그쳤다. 사용자가 원하는 정보를 찾기 위해 여러 개의 웹페이지를 직접 탐색해야 했으며, 검색 결과의 상위 노출 여부가 기업 PR 전략의 핵심 요소였다. 그러나 최근에는 검색엔진 역시 사용자의 질문 의도를 분석하고 좀 더 구체적인 답변을 제공하는 방향으로 변화하고 있다. 이는 단순한 검색 최적화를 넘어 보다 직관적이고 신속한 정보 제공이 중요한 요소로 자리 잡았음을 의미한다. 특히 생성형 AI와의 융합이 가속화하면서 검색엔진을 결합한 AEO의 중요성은 더욱 커지고 있다.

AI 시대에서 AEO의 핵심 목표는 사용자에게 신뢰할 수 있는 정보를 빠르게 제공하는 것이다. 예를 들어, 사용자가 "가장 인기 있는 스마트폰은?"이라는 질문을 던졌을 때, 기존의 검색엔진은 관련 웹페이지 목록을 나열하는 방식으로 답변을 제공했다. 그러나 AEO가 적용된 생성형 AI는 단순한 브랜드 목록을 나열하는 것이 아니라 각 모델의 장단점, 가격 비교, 사용자 리뷰 등 종합 정보를 제공한다. 따라서 사용자는 추가 검색 없이 필요한 정보를 손쉽게 얻을 수 있으며, 후속 질문으로 더욱 깊이 있는 정보를 탐색할 수도 있다.

이러한 변화는 사용자의 검색 습관에도 영향을 미친다. 현대 소비자는 단순한 웹페이지 탐색보다는 시간 절약과 신뢰성을 우선하며, 클릭 없이도 필요한 정보를 검색 결과에서 직접 얻는 것을 선호한다. 이는 AEO의 필요성을 더욱 강조하는 요소로 작용한다.

AEO 전략을 효과적으로 활용하기 위해 기업은 구조화한 콘텐츠 개념을 적극적으로 도입해야 한다. 구조화한 콘텐츠는 AI가 콘텐츠를 더욱더 명확하게 이해하고 정리할 수 있도록 도와주며, 이를 기반으로 더 정확한 답변을 생성할 수 있게 한다. 예를 들어 제품의 가격, 주요 특징, 사용자 리뷰, 제품 비교 정보 등을 체계적으로 정리해 두면 AI는 이를 학습하고, 보다 신뢰성 높은 정보를 사용자에게 제공할 수 있다. 결국 AEO는 사용자 경험을 향상하고 기업의 신뢰도를 높이는 데 중요한 역할을 한다. 결과적으로 기업은 소비자가 원하는 더욱 가치 있는 답변을 제공할 수 있으며, 궁극적으로 소비자에게 신뢰받는 브랜드가 될 수 있다.

검색엔진과 생성형 AI 비교

구글이나 네이버 같은 검색엔진과 챗GPT, 클로드, 퍼플렉시티, 코파일럿(Copilot), 제미나이(Gemini), 클로바X, 뤼튼(Wrtn), 에이닷(A.Dot), 딥시크(DeepSeek), 그록(Grok)과 같은 생성형 AI는 정보를 제공하는 방식에서 근본적인 차이가 있다. 검색엔진은 키워드를 기반으로 관련 정보를 찾아 사용자를 웹사이트로 연결하는 데 초점을 둔다. 이에 비해 생성형 AI는 사용자의 질문 맥락과 의도를 분석해 대화형으로 답변을 제공하는 데 집중한다. 이러한 차이는 정보 탐색 방식뿐만 아니라 사용자의 경험에도 큰 변화를 가져왔다.

검색엔진은 주어진 키워드에 맞춰 정보를 검색해 관련 문서를 나열하고, 사용자는 각 링크를 클릭해 원하는 정보를 찾아야 한다. 예를 들어 '미금역 맛집'을 검색하면 관련 웹사이트 목록이 제공되지만, 구체적인 정보는 사용자가 직접 찾아야 한다.

반면에 생성형 AI는 사용자의 질문을 분석해 즉각 답변을 제공한다. 예를 들어 "미금역에서 10분 안에 갈 수 있는 유명한 맛집은 어디야?"라고 묻는다면 AI는 메뉴, 위치, 사용자 리뷰 등을 종합한 정보를 제공하며, 추가 질문으로 더 깊이 있는 대화가 가능하다.

이처럼 생성형 AI는 검색 결과를 단순히 나열하는 것이 아니라, 사용자와의 상호작용을 통해 맞춤형 답변을 제공하는 강점을 가진다. 검색엔진은 한 번의 질문에 대해 결과를 제공하는 데 그치지만, 생성형 AI는 대화형 구조로 추가 질문을 받고 보다 세부적 정보를 제공할 수 있다. 예를 들어 챗GPT가 미금역 맛집을 추천했다면, 사용자는 "이곳의 대표 메뉴는 뭐야?"라고 후속 질문을 할 수 있으며, AI는 이에 맞춰 관련 정보를 추가 제공한다.

검색엔진과 생성형 AI의 또 다른 차이점은 정보의 정확성이다. 검색엔진은 키워드와 일치하는 결과를 제공하기 때문에 기본적으로 높은 정확도를 보이지만, 광고나 사용자 의도와 맞지 않는 정보가 포함될 가능성이 있다. 반면 생성형 AI는 사용자의 질문 의도를 분석해 맞춤형 답변을 생성하지만, 때로는 할루시네이션

(Hallucination) 현상이라는 일종의 거짓 또는 허풍, 헛소리가 발생할 수도 있다. 이는 AI가 실제로 존재하지 않는 정보를 생성한다는 문제로 신뢰성을 높이기 위해서는 AI의 답변을 검증하고 보완하는 과정이 필요하다. 이를 해결하기 위해 챗GPT의 서치(Search) GPT가 생겼고, 퍼플렉시티, 젠스파크(GenSpark), 네이버의 큐(Cue:) 등 검색형 AI(Search AI)가 생겨 사용자의 주목을 받고 있다. 검색형 AI는 답변 생성 과정이나 출처를 보여주며 스스로 사실 기반 답변을 한다는 것을 드러낸다.

검색엔진과 생성형 AI의 차이점을 정리하면 다음과 같다.

① 검색과 응답 방식

- 검색엔진: 키워드 검색이고, 빠르고 정확하며 웹사이트를 보여 줌.
- 생성형 AI: 자연어 검색이고, 답을 생성해 줌.

② 상호작용

- 검색엔진: 검색 답변을 하나씩 찾아서 봄.
- 생성형 AI: 답변에 대해 추가 질문을 요청할 수 있음.

③ 정확성

- 검색엔진: 키워드는 일치하지만, 광고나 맞지 않는 내용으로 응답함.

- 생성형 AI: 의도와 맥락에 적합하지만, 할루시네이션 작용을 함. 검색형 AI로 보완.

검색엔진과 생성형 AI는 각기 다른 장점과 한계를 가지고 있으며, 기업과 개인이 정보를 탐색하고 활용하는 방식에도 큰 영향을 미친다. 검색엔진은 빠르고 방대한 정보를 제공하는 강점을 가지며, 생성형 AI는 사용자 맞춤형 답변을 제공하고 상호작용으로 더욱 풍부한 사용자 경험을 만들어 낸다. 두 가지 방식을 적절히 활용하면 더 효과적이고 효율적으로 정보를 찾을 수 있다.

AI 검색 시대의 AEO 역할

AI 기술의 발전은 검색엔진의 기능을 혁신적으로 변화시키고 있으며, AEO의 중요성을 더욱 강조하고 있다. 현대 검색엔진은 단순히 키워드와 일치하는 결과를 제공하는 것이 아니라, 사용자의 질문 의도를 분석하고 문맥을 이해해 가장 적합한 답변을 제공하는 방향으로 발전하고 있다.

AI와 결합한 AEO는 사용자의 질문을 더 정확하게 분석하고, 맥락에 맞는 정보를 제공하는 역할을 한다. 또한 FAQ 콘텐츠와 같은 구조화한 데이터를 학습해 검색 결과의 신뢰도를 높이고, 이를 통해 기업은 소비자와의 신뢰를 강화하며 브랜드 가치를 높일 수 있다. 예를 들어 사용자가 "무선 이어폰 추천"을 검색했을 때, 기존 검색 엔진은 제품 목록을 단순히 나열하는 데 그쳤지만, AI 기반 AEO는 사용자 리뷰, 가격 비교, 배터리 성능 등 다양한 요소를 종합해 신뢰성 높은 답변을 제공한다. 이는 단순한 정보 제공이 아닌 사용자가 신뢰할 수 있는 최적의 답변을 생성하는 방식으로 변화하고 있음을 보여 준다.

AEO는 특히 음성 검색과 결합할 때 더욱 강력한 효과를 발휘한다. 음성 검색은 대화형 질문을 기반으로 이루어지기 때문에, 사용자가 "이 근처에서 가장 맛있는 피자집은 어디야?"라고 질문하면, AI는 사용자 위치와 평점 데이터를 종합 분석해 적절한 답변을 제공한다. 이 과정에서 구조화한 데이터 콘텐츠와 질문 중심 콘텐츠를 활용하면 더욱 정확하고 신뢰성 높은 답변을 생성해 준다.

AEO는 AI 학습 과정에서도 중요한 역할을 한다. FAQ 페이지나 '질문과 답변' 형태의 콘텐츠는 AI가 학습하고 답변을 생성하는 데 유용한 자료로 활용된다. 이를 통해 생성형 AI의 답변엔진은 사용자 질문에 대한 답변을 더욱 정교하게 제공할 수 있다.

궁극적으로 기업이 목표하는 것은 "이 브랜드, AI가 추천한 거야"라고 AI는 자사의 브랜드를 추천해 주고, 소비자는 추천받은 자사의 브랜드를 선택하는 것이다. 이를 위해 AEO 전략은 AI 기반 검색 환경에서 기업의 신뢰도, 브랜드 가치, 제품의 우수성을 높여야 한다. 단순히 웹사이트 방문자 수를 증가시키는 것이 아니라, AI로 소비자와의 신뢰를 구축하고 장기적인 브랜드 가치를 창출해야 한다. 즉 AI가 먼저 우리 브랜드를 학습하고 소비자에게 추천해야 한다. AI 시대의 PR에서 AEO는 반드시 도입해야 할 핵심 전략으로 자리매김하고 있다.

참고문헌

김태욱(2024). 《AI로 PR하기》. 커뮤니케이션북스.
김용성(2024). 《AI 리터러시》. 프리렉.
오종현(2025). 《AI, 너 내 마케터가 돼라》. e비즈북스.

03
생성형 AI가 바꾸는 온라인 PR

생성형 AI 등장으로 정보 검색 방식이 변했다. 키워드 중심 검색엔진에서 사용자 질문 의도를 분석해 맥락에 맞는 구체적 답변을 제공하는 AI 서비스로 패러다임이 전환되고 있다. 기업 PR 전략도 단순 키워드 노출을 넘어 AI가 학습할 수 있는 고품질 콘텐츠와 구조화한 콘텐츠 제공이 핵심이 되어야 한다. 기업은 AI에 '학습 당하는 콘텐츠'를 제공하는 AEO 전략으로 가야 한다.

AI와 난임 극복?

고객의 검색 방식 변화와 기업의 대응

고객의 정보 검색 방식이 근본적으로 변하고 있다. 2022년 생성형 AI(Generative Artificial Intelligence, 생성형 인공지능)가 등장하기 전까지는 구글과 네이버 같은 검색엔진이 정보 탐색의 중심이었다. 하지만 지금은 챗GPT(ChatGPT), 클로드(Claude), 퍼플렉시티(Perplexity), 코파일럿(Copilot), 제미나이(Gemini), 클로바X(CLOVA X), 뤼튼(Wrtn), 에이닷(A.Dot), 딥시크(DeepSeek), 그록(Grok) 등 여러 생성형 AI가 등장하면서 검색 패턴이 빠르게 변화하고 있다. 단순히 기술 발전을 넘어 정보 접근 방식 자체가 혁신적으로 전환되고 있다.

기존 검색엔진은 키워드 기반으로 작동해 사용자가 원하는 정보를 찾기까지 여러 단계를 거쳐야 했다. 예를 들어 '책가방 추천'을 검색하면 수많은 블로그와 리뷰가 나열되고, 사용자는 이를 하나씩 검토하며 원하는 정보를 추려야 했다. 반면 생성형 AI는 사용자의 질문 의도를 더욱 정교하게 분석하고, 맥락에 맞는 구체적인 답변을 즉시 제공한다. 예를 들어 '대학 신입생이 수업을 들으러 갈 때 사용할 가방을 추천해 줘'라고 하면, AI는 사용자의 요구 사항을 반영해 다양한 제품을 분석하고, 가장 적합한 가방을 추천한다.

이러한 변화는 기업과 기관의 온라인 PR 전략에도 새로운 과제를 던진다. 기존에는 검색엔진 최적화(SEO, Search Engine Optimization)로 키워드 노출을 극대화하는 것이 핵심이었다. 그래서 예를 들어 블로그 글을 작성할 때는 검색 키워드를 추출하고, 그다음 검색 키워드를 제목과 본문에 담은 콘텐츠를 양산하는 방법이 온라인 PR(Public Relations) 활동의 중심이었다.

하지만 이제는 AI가 효과적으로 학습할 수 있는 고품질 구조화 데이터 구축이 중요해졌다. 특히 질문형 콘텐츠와 구조화한 데이터 마크업(Markup)은 AI가 신뢰성 높은 답변을 생성하는 데 필수다. 기업의 콘텐츠가 AI에 의해 검색되고 학습될 가능성이 높아지고, AI가 쉽게 이해할 수 있게 콘텐츠를 최적화하는 작업이 더욱 중요해졌다.

또 생성형 AI는 개인화된 정보를 제공한다. AI는 사용자의 검색 이력과 선호도를 학습해 맞춤형 정보를 제공할 수 있다. 예를 들어, 클로바X는 사용자의 위치 정보와 관심사를 분석해 최적의 추천을 제공하며, 이는 사용자 경험과 신뢰도를 높이는 중요한 요소가 된다. 향후 AI가 더욱 정교한 데이터 분석 기능을 갖추게 되면, 기업과 기관은 고객 맞춤형 PR 전략을 수립하는 데 AI를 적극적으로 활용할 수 있을 것이다.

현재 구글, 네이버 같은 포털 사이트뿐만 아니라 챗GPT, 클로드, 퍼플렉시티, 클로바X 같은 생성형 AI는 인터넷의 방대한 데이터를 분석해 사용자에게 최적의 정보를 제공한다. 이때 활용되는 자료는 신문과 방송 뉴스, 전자책, 학술 논문, 연구보고서, 기업·공공기관 홈페이지, 전문가 블로그, 고객 리뷰, SNS 콘텐츠 등 신뢰할 수 있는 출처에서 가져온다. 따라서 기업이 AI 환경에서 경쟁력을 갖추려면, 이러한 신뢰도 높은 정보원을 활용해 콘텐츠를 제작하고 이를 AI에 최적화하는 전략이 필요하다.

결과적으로, 정보 검색 방식은 키워드 중심에서 AI 기반의 '질문과 답변' 구조로 변화하고 있다. 그러므로 기업이나 기관은 AI 친화적인 보도자료, 홈페이지, 블로그 콘텐츠를 개발하고 기존 SEO 전략을 넘어 AEO(Answer Engine Optimization, 답변엔진 최적화)로 확장해야 한다. AI가 정보를 학습하고 제공하는 방식이 바뀌면서, 기업의 온라인 PR 전략 또한 AI의 특성을 고려한 방식으로 발전해야 한다.

이러한 변화에 효과적으로 대응하는 기업은 AI 시대

에 더욱 강력한 디지털 경쟁력을 확보할 수 있다. 기업과 기관이 AI 친화적인 PR 전략을 적극적으로 도입한다면, 변화하는 디지털 생태계에서 지속 가능한 성장을 이룰 수 있을 것이다.

AI의 답변 생성 과정

생성형 AI가 답변을 생성하는 과정은 크게 질문 분석, 데이터 매칭, 답변 생성의 세 단계로 이루어진다. 이 과정에서 기업이나 기관이 제공하는 콘텐츠는 AI가 정확하고 신뢰할 수 있는 답변을 생성하는 핵심 요소로 작용한다. AI 기반 검색 환경이 널리 퍼지면서 기업과 기관이 얼마나 체계적이고 신뢰할 수 있는 정보를 제공하느냐가 AI 검색 결과에서 경쟁력을 좌우하게 된다.

질문 분석: 사용자 의도 파악

첫 번째 단계는 질문 분석이다. AI는 사람이 사용하는 언어를 컴퓨터가 이해하고 처리할 수 있도록 하는 자연어 처리(NLP, Natural Language Processing) 기술을 활용해 사용자의 질문을 세밀하게 분석한다. 그리고 이 질문 분석 과정에서 핵심 키워드를 추출하고, 문맥을 파악하며, 질문의 의도를 분석하게 된다. 예를 들어 "이 근처에서 가장 인기 있는 카페는 어디야?"라는 질문을 받으면, AI는 위치(근처), 선호도(인기), 업종(카페) 등의 요소를 식별하고, 사용자의 현재 위치와 시간대까지 고려해 최적의 답변을 도출할 준비를 한다.

이 단계에서 기업이나 기관이 할 수 있는 가장 중요한 작업은 자사 브랜드와 제품, 서비스에 대한 주요 질문을 예측하고, 명확한 답변을 준비하는 것이다. 예를 들어, 제품의 특장점, 가격, 사용 후기, 서비스 제공 범위 등에 대한 핵심 키워드를 정리하고, 이를 AI가 이해하기 쉽게 구조화한 콘텐츠로 제공하는 것으로 검색 노출 가능성을 높일 수 있다.

데이터 매칭: 신뢰성 높은 정보 확보

두 번째 단계는 데이터 매칭이다. AI는 방대한 학습 데이터에서 질문과 관련성이 높은 정보를 검색하고 분류한다. 이때 AI가 활용하는 정보는 공신력 있는 출처, 구조화한 데이터, 최신 자료 등이다. 특히 기업과 기관이 제공하는 다음과 같은 정보가 AI의 학습과 답변 생성 과정에서 활용된다.

- FAQ 및 전문가 검증 답변: 고객이 자주 묻는 질문에 대한

상세한 답변 제공

- 제품 설명서 및 서비스 매뉴얼: 제품과 서비스에 대한 구체적인 정보 제공
- 블로그 및 홈페이지 콘텐츠: 브랜드 스토리, 최신 뉴스, 제품 리뷰 등
- 구조화한 데이터(Schema Markup): 검색엔진과 AI가 데이터를 쉽게 이해할 수 있도록 설계된 태그 정보
- 고객 리뷰 및 사용자 피드백: 소비자의 실제 경험을 반영하는 콘텐츠
- 보도자료 및 공식 발표문: 신뢰도 높은 최신 정보

이 단계에서 기업이 고려해야 할 점은 자사의 정보가 AI의 데이터 매칭 과정에서 우선순위로 반영될 수 있게 신뢰성과 체계성을 확보하는 것이다. 단순한 홍보성 콘텐츠보다는 객관적이고 유용한 정보를 담은 콘텐츠가 AI에 의해 더 높은 가치를 인정받기 때문이다.

답변 생성: 정확성과 최신성 확보

세 번째 단계는 답변 생성이다. AI는 수집한 정보를 바탕으로 자연스럽고 논리적인 답변을 구성한다. 이 과정에서 중요한 요소는 정보의 최신성, 신뢰성, 맥락 적절성,

가독성이다.

- 최신성: 가장 최근에 업데이트된 정보를 우선 활용
- 신뢰성: 공식 출처에서 제공한 검증된 정보를 중심으로 답변 구성
- 맥락 적절성: 질문자의 의도에 맞는 핵심 정보 제공
- 가독성: 이해하기 쉬운 문장 구조와 설명 방식 적용

예를 들어, AI가 "가장 추천하는 노트북은 무엇인가요?"라는 질문을 받았을 때, 단순히 제품 목록을 나열하는 것이 아니라 최신 트렌드, 사용자 평가, 제품 사양 등을 종합해 최적의 제품을 추천할 수 있도록 기업의 콘텐츠가 뒷받침되어야 한다.

이 단계에서 기업 · 기관이 할 수 있는 역할은 자사 콘텐츠를 지속해 업데이트하고, 신뢰할 수 있는 최신 정보를 제공하는 것이다. AI가 활용하는 데이터가 기업이나 기관의 콘텐츠에서 비롯되는 경우가 많아 주기적인 콘텐츠 보강과 정보 관리가 필수다.

기업의 AI 친화적 콘텐츠 전략

이제는 소비자, 시민, 이용자가 AI에 묻거나 검색하는 환

경에서 기업, 정부 부처, 공공기관, 지자체가 경쟁력을 갖추기 위해서는 한마디로 'AI가 학습 당하는 콘텐츠', 즉 체계적이고 신뢰할 수 있는 정보를 제공하는 콘텐츠로 사용자에게 전략적으로 접근할 필요가 있다. 이러한 AI 대응 콘텐츠 전략을 수립하기 위해 다음 요소를 고려해야 한다.

구조화한 데이터 활용

AI가 기업이나 기관의 콘텐츠를 효과적으로 학습하고 검색 결과에서 신뢰성 높은 답변을 제공하도록 하기 위해서는 체계적인 데이터 관리와 최적화된 콘텐츠 전략이 필요하다. 먼저 AI가 콘텐츠를 더 쉽게 이해할 수 있게 구조화한 데이터를 활용해야 한다. 이를 위해 스키마 마크업(Schema Markup)을 적용하고, AI가 정보를 명확하게 분석할 수 있도록 콘텐츠를 체계적으로 정리하는 것이 중요하다.

스키마 마크업은 검색엔진과 AI가 콘텐츠의 의미를 정확히 이해할 수 있도록 HTML 코드에 구조화한 데이터를 추가하는 방식이다. 예를 들어 '초코파이 딸기맛'이라는 상품을 소개하는 콘텐츠라면, 스키마 마크업으로 "이건 상품입니다(product), 이름은 초코파이 딸기맛입니다(name)"라고 표시하면 AI는 해당 콘텐츠가 '제품 소개'임을 인식하고 검색 결과나 AI 응답에 활용할 수 있다.

- 스키마 마크업(Schema Markup) 적용
- AI가 이해하기 쉬운 콘텐츠 정리

질문 중심의 콘텐츠 개발

AI 기반 검색 환경에서는 질문 중심의 정보 탐색이 대부분이므로, 질문 중심의 콘텐츠 개발이 필수다. 고객이 자주 묻는 질문(FAQ)을 정리하고, 질문과 답변 형태의 콘텐츠를 구성하면 AI가 이를 학습하여 더욱 정교한 답변을 생성할 수 있다.

- 고객이 자주 묻는 질문(FAQ) 정리
- 질문 & 답변 형태의 콘텐츠 구성

정기적인 정보 업데이트

정기적인 정보 업데이트도 필요하다. 제품과 서비스 관련 최신 정보를 반영하고, 기존 콘텐츠에서 정보를 지속해서 수정하거나 보완하는 것이 중요하다. AI는 최신성을 중요하게 고려하기 때문에, 기업과 기관이 제공하는 정보가 최신 상태를 유지할수록 검색 결과에서 신뢰도 높은 답변으로 활용될 확률이 높다.

- 최신 제품 및 서비스 정보 반영
- 부정확한 정보 수정 및 보완

객관적인 정보 제공

기업과 기관의 콘텐츠는 객관성과 신뢰성이 핵심이므로, 객관적인 정보 제공에도 신경 써야 한다. 단순한 홍보성 콘텐츠보다는 실제 사용자 경험을 반영한 리뷰와 데이터를 포함하는 것이 중요하며, 전문가 리뷰 및 검증된 정보를 활용하면 AI가 더욱 신뢰할 수 있는 답변을 도출하는 데 도움이 된다.

- 단순 홍보성 콘텐츠보다 실제 사용자 경험 반영
- 전문가 리뷰 및 검증된 데이터 활용

AI 검색 트렌드 분석 및 대응

AI 검색 트렌드를 분석하고 대응하는 전략이 필요하다. AI가 검색 결과를 어떻게 구성하고 노출하는지 지속해 모니터링하며, AI 친화적 키워드와 문장 구조를 최적화하는 것이 중요하다. 이를 통해 기업은 AI가 자사 콘텐츠를 더 잘 인식하고 검색 결과에서 우선하여 노출될 수 있게 전략적으로 대응할 수 있다.

예를 들어 '초코파이 딸기 생크림맛'을 챗GPT나 퍼플렉시티에 검색해 봤더니, 상단에 "봄 시즌 한정판으로 딸기향을 강화하고 생크림 함량을 높인 제품"이라는 문장이 노출되었다면, 이 문장을 자사 블로그나 보도자료 등에도 정의형 문장으로 포함해야 한다.

- AI가 검색 결과를 어떻게 노출하는지 지속 모니터링
- AI 친화적 키워드와 문장 구조 최적화

결국 AI 시대의 PR 경쟁력은 콘텐츠에서 결정된다. 기업의 콘텐츠는 AI가 제공하는 답변의 신뢰도를 결정짓는 핵심 요소가 된다. AI 시대의 PR 전략은 단순히 검색 노출을 높이는 것이 아니라, AI가 신뢰할 수 있는 정확한 정보를 제공하는 것이 중요하다.

이를 위해 기업이 AEO에 적합한 온라인 콘텐츠를 최적화하려면 FAQ 중심 콘텐츠 제작과 구조화한 데이터 스키마 마크업(Schema Markup)의 활용이 필수다. AI가

기업기관 콘텐츠를 학습하고 검색 결과에 반영하는 방식으로 변화하면서 PR 경쟁력 또한 AI 친화적인 콘텐츠 구축 여부에 따라 달라질 수 있다.

참고문헌

구자룡(2024). 《데이터 마인드 기르는 습관》. 좋은습관연구소.

김주영 외(2024). 《기획부터 윤리까지 AI가 바꾸는 광고와 PR》. 이프레스.

김태욱(2024). 《AI로 PR하기》. 커뮤니케이션북스.

04
AEO를 대비한 구조화 콘텐츠 전략

AI는 정보를 이해하고 답변하기 위해 구조화한 콘텐츠를 선호한다. 대표적으로 제목과 리스트가 명확한 콘텐츠, '질문과 답변' 형식, 항목별 리스트형 글, 타임라인, 개념을 정의한 설명형 글, 키워드 중심 콘텐츠가 AI에 잘 읽히고 활용되기 쉽다. 즉 구조화한 콘텐츠다. 마크다운은 글을 구조화하는 데 유용하고, 마크업은 콘텐츠 의미를 AI와 검색엔진이 이해하게 한다. 보도자료, 블로그, SNS 등 다양한 채널에서 이 구조는 AI 학습에 효과적이다. 구조화는 AI 시대 콘텐츠 경쟁력의 핵심이다.

AI와 사주?

AI가 학습하기 좋아하는 콘텐츠 6가지

생성형 AI(Generative Artificial Intelligence)는 콘텐츠를 '이해하고', '요약하고', '답변하고', '추천하는' 데 최적화한 구조를 선호한다. 따라서 AI가 학습하기 좋아하는 콘텐츠 유형을 이해하면, 온라인 PR 전략도 훨씬 효과적으로 설계할 수 있다. 다음은 AI가 학습하기 좋아하는 대표적 콘텐츠 유형 6가지다.

구조화한 콘텐츠

구조화한 콘텐츠는 제목, 소제목, 리스트, 표처럼 콘텐츠의 뼈대가 명확히 드러나는 형식을 말한다. 이렇게 구조가 뚜렷한 글은 AI가 내용을 빠르게 파악하고, 요약하거나 답변 결과에 반영하기 좋다. 예를 들어, 정책 홍보 블로그에 '정책 배경', '지원 대상', '신청 방법' 등을 소제목과 리스트로 구분해 정리하거나 기업 인스타그램도 그냥 감성 멘트로 끝나는 게 아니라 정보 블록을 나누고, 소제목, 리스트, 질문 문장을 넣으면 AI는 이 콘텐츠를 '정보성+참여성 콘텐츠'로 분류해 더 잘 보여 준다. AI는 이를 문서의 정보 블록으로 인식해 검색과 요약에 유리하게 작동한다. 마크다운(Markdown)이나 HTML로 작성된 블로그 글이나 제목, 리드, 본문, 인용이 명확한 보도자료나 각종 보고서 형식의 콘텐츠가 여기에 속한다.

'질문과 답변(Q&A)' 형식 콘텐츠

챗GPT나 클로드 등 생성형 AI는 사용자가 프롬프트에 쓴 질문에 AI가 답변하는 구조로 되어 있으므로 자주 묻는 질문과 짧고 명확한 답변이 있는 콘텐츠는 AI, 검색엔진, 음성비서 등이 활용하기 좋다.

예를 들어, 지역 축제 FAQ나 온라인 쇼핑몰 등에서 아래처럼 구성하면, AI나 음성 검색에서 해당 문장을 바로 추출해 비슷한 질문을 하는 사용자에게 바로 제공할 수 있다.

〈지역 축제 FAQ〉

Q: 입장료는 얼마인가요?

A: 입장료는 전 구간 무료입니다.

〈온라인 쇼핑몰 FAQ〉

Q: 교환과 반품은 어떻게 하나요?

A: 교환과 반품 신청은 마이페이지 → 주문내역 → 반품 신청을 통해 가능합니다.

이러한 '질문과 답변' 형식 콘텐츠는 홈페이지의 FAQ, 블로그의 제품 설명이나 Q&A 포스트, 인스타그램의 댓글 Q&A나 카드뉴스 등 콘텐츠에서 자주 쓰인다.

리스트형 콘텐츠

리스트형 콘텐츠는 '5가지 방법', '3가지 이유', '꿀팁 7', '4가지 노하우'와 같은 리스티클체(list+article)나 여러 항목별로 구분된 콘텐츠를 말한다. 이런 콘텐츠는 AI가 정보를 분리하고 가공하기에 유리하다.

예를 들어 '생성형 AI로 보도자료 작성하는 5단계'라는 블로그 글에서 단계별 작업을 리스트로 제시하면, AI가 각 항목을 독립된 정보로 인식하고 카드뉴스나 요약 콘텐츠로도 쉽게 전환할 수 있다. 리스트형 콘텐츠는 블로그 글, 카드뉴스, 유튜브 스크립트로도 잘 활용된다.

타임라인 기반 콘텐츠

시간 순서대로 정리된 타임라인 기반 콘텐츠는 사건의 흐름과 맥락을 이해하는 데 도움이 된다.

예를 들어, 한 기업의 ESG(Environmental, Social and Governance) 활동을 소개하는 타임라인 콘텐츠는 다음과 같이 구성할 수 있다.

"2021년: ESG 경영 선언 → 2022년: 탄소중립 실천 캠페인 시작 → 2023년: 지속가능성 보고서 발간 → 2024년: 협력사까지 공급망 ESG 확대"

이와 같이 시간 흐름에 따라 주요 활동을 정리하면, 독자는 기업의 변화 과정을 쉽게 파악할 수 있고, AI는 이 흐름을 따라가며 사건 간의 맥락을 이해하고 요약하기에 유리하다.

개념 정의형 콘텐츠

개념 정의형 콘텐츠는 개념을 명확히 설명하고, 실제 사례나 예시를 함께 제시하는 방식이다.

예를 들어 "AEO란 AI가 콘텐츠에서 답을 찾을 수 있도록 구성하는 전략이다. 예: Q&A, 리스트, 정의형 문장 등"처럼 구성하면, AI는 AEO의 정의와 적용 형태를 빠르게 이해하고 연관 콘텐츠로 확장할 수 있다. 기술 블로그, 교육 콘텐츠, 정책 용어 해설 자료 등 콘텐츠에서 활용할 수 있다.

키워드 중심 콘텐츠

사람들이 실제로 검색하는 키워드를 중심으로 구성된

키워드 중심 콘텐츠는 AI가 사용자의 검색 의도에 맞는 정보를 제공할 때 유리하다.

예를 들어 "초코파이 딸기 생크림맛 후기"처럼 상품명과 후기라는 키워드를 제목과 본문에 자연스럽게 녹이면, AI는 이 콘텐츠가 '신제품 리뷰'임을 명확히 인식하고 관련 질문에 연결할 수 있다. 블로그 글, 뉴스레터, 제품 소개 페이지 등에서 특히 많이 쓰인다.

이 여섯 가지 콘텐츠 유형은 생성형 AI가 콘텐츠를 잘 읽고, 해석하고, 답변 콘텐츠로 재구성하는 데 핵심적인 구조들이다. AEO(Answer Engine Optimization, 답변엔진 최적화)나 SEO(Search Engine Optimization, 검색엔진 최적화)를 고려할 때, 이 구조화 콘텐츠 전략을 반영하면 콘텐츠의 검색과 활용도가 높아진다. 한마디로 콘텐츠 구조화는 AI 시대 콘텐츠 경쟁력의 핵심이다. 그럼 구조화한 콘텐츠 제작을 어떤 문서 작성 방식으로 해야 하는지 알아보자.

고객과 구조화 콘텐츠 마크다운

콘텐츠를 구조화한다는 것은 단순히 보기 좋게 꾸미는 것이 아니라, 정보를 명확하게 전달하기 위한 전략이다.

콘텐츠가 잘 정돈되어 있어야 인간 고객인 소비자, 시민, 이용자도 핵심을 빠르게 파악할 수 있고, 기계 고객인 생성형 AI도 요약하거나 추천 콘텐츠로 활용하기 쉬워진다. 그 중심에는 '마크다운'이라는 간단하면서도 강력한 문서 작성 방식이 있다.

마크다운은 복잡한 HTML이나 워드프로세서 없이도 '# 제목', '## 소제목', '- 리스트', '**굵은 글씨**', '> 인용문' 등의 기호만으로 콘텐츠를 깔끔하게 정리할 수 있게 해주는 경량 문서 작성 언어다. 특히 텍스트 중심의 콘텐츠를 빠르게 정리할 때 효과적이며, 마크다운으로 작성된 글은 HTML로도 쉽게 변환이 가능하다. 마크다운은 블로그, 보고서, 메모 앱, 개발 문서 등 다양한 콘텐츠 유형에서 폭넓게 사용된다.

고객은 점점 더 빠른 속도로 콘텐츠를 소비한다. 스마트폰 화면에서 몇 초 만에 스크롤을 내리며 정보를 탐색하는 시대다. 이때 제목은 크고 명확하게, 단락은 짧고 명료하게, 핵심은 리스트로 요약된 구조화한 콘텐츠가 고객에게 신뢰와 편리함을 준다. 마크다운은 이러한 글을 빠르게 만들 수 있게 해 준다.

예를 들어 블로그 글에서 '## 사용 방법', '- 제품을 꺼냅니다', '- 물을 붓습니다', '- 3분간 기다립니다'처럼 구성하면 누구든 쉽게 따라 할 수 있는 콘텐츠가 된다. 이는 인간 고객뿐 아니라 기계 고객인 AI도 각 항목을 독립된 정보 블록으로 인식할 수 있게 해 준다.

보도자료에서는 마크다운을 활용해 콘텐츠 뼈대를 사전에 구성하면 제목, 부제목, 리드문, 주요 내용, 인용문, 회사 소개까지 정형화된 구조로 전달할 수 있다. 기자가 내용을 읽고 재구성하기 쉬울 뿐만 아니라, AI가 보도자료를 분석해 인용문, 키워드, 발표 날짜 등을 정확히 추출하는 데도 유리하다.

인스타그램과 같은 소셜미디어에서도 마크다운 문법이 그대로 사용되지는 않지만, 그 철학은 분명하게 녹아 있다. 줄바꿈을 활용해 정보를 덩어리로 나누고, 이모지나 리스트 기호를 사용해 시각적 구분을 주는 방식이 대표적이다. 예를 들어 제품 소개 게시물에서 이렇게 구성할 수 있다.

□ 봄 한정 초코파이 출시!

생크림 + 딸기 조합

□ 전국 편의점 판매

□ 지금 어떤 간식을 드시고 계신가요?

이처럼 인스타 게시글도 '후킹 문장 - 정보 요약 - CTA' 구조를 갖추면 콘텐츠 소비 효율이 올라가고, AI 알고리즘에도 더 잘 반영된다.

주요 마크다운 기호는 다음과 같다.

- 제목: # 제목, ## 소제목, ### 세부제목
- 항목: - 리스트, * 리스트, 1. 번호 리스트
- 강조: **굵은 글씨**, *기울임*, ***굵게 기울임***
- 링크: [이름](링크)
- 구분선: ---

결국 마크다운은 단순한 문서 작성 도구를 넘어, 콘텐츠를 고객이 쉽게 읽고, AI도 쉽게 검색하고 학습할 수 있도록 만드는 기초적인 전략이다. AI 시대의 PR 실무에서 마크다운은 콘텐츠 구조화의 기본 도구로 자리 잡고 있다.

웹과 구조화 콘텐츠 마크업

콘텐츠가 단순히 텍스트만으로 나열되어 있다면, AI나 검색엔진은 그 의미를 정확히 이해하기 어렵다. 그래서 필요한 것이 바로 '마크업(Markup)'이다. 마크업이란 웹페이지나 문서의 구조를 나타내는 코드로, 제목, 문단, 리스트, 링크, 이미지 등의 역할과 구성을 정의해 주는 기호 체계로 대표적인 것이 HTML(HyperText Markup Language)이다.

마크업을 사용하면 콘텐츠의 '겉모습'뿐 아니라 '정보의 역할'을 명확히 표시할 수 있다. 예를 들어 〈h1〉은 가장 큰 제목, 〈ul〉은 리스트, 〈blockquote〉는 인용문을 나타낸다. 이런 구조는 사람에게도 가독성을 높여 주지만, 특히 AI가 콘텐츠를 읽고 이해하는 데 중요한 역할을 한다. AI는 마크업을 통해 '여기는 제목, 여기는 리스트, 여기는 인용문'이라는 식으로 정보 구조를 분석한다.

AI가 마크업 방식의 콘텐츠를 선호하는 이유는 단순하다. 정보 구조가 명확하면 콘텐츠를 더 빠르게 분류하고, 요약하고, 추천 콘텐츠로 연결할 수 있기 때문이다. 즉 마크업은 AI의 학습 효율을 높여 주는 기본적 콘텐츠 언어다.

만약 보도자료를 HTML 마크업 형식으로 작성하면 〈h1〉 제목 아래 〈p〉 단락마다 핵심 메시지를 배치하고, 주요 정보는 〈ul〉 리스트로 정리할 수 있다. 이렇게 하면 AI는 제목, 리드문, 핵심 메시지, 인용 등을 정확히 분리할 수 있고, 검색 결과에 요약 형태로 보여 줄 수 있다.

블로그에서도 마크업 구조를 활용하면 콘텐츠 구성력이 높아진다. 마크다운으로 작성된 블로그 글이 HTML로 변환되면 〈h2〉 소제목, 〈li〉 리스트, 〈strong〉 강조 등의 마크업이 자동 생성된다. 그러면 AI가 블로그 글에서 주요 질문과 답변, 핵심 항목을 빠르게 인식한다.

인스타그램처럼 시각 중심 플랫폼에서도 마크업을 적용할 수 있다. 공식 웹사이트나 이벤트 안내 페이지로 연결되는 링크를 〈a href〉로 삽입하거나, 텍스트 기반 콘텐츠를 카드 형태로 마크업한 웹뷰 콘텐츠는 SNS 외부에서도 AI가 콘텐츠를 읽어 내는 데 유리하다. 또한 웹사이트에 구조화한 마크업을 적용하면, 인스타그램 게시글을 링크했을 때도 해당 콘텐츠가 어떤 성격의 정보인지 AI가 인식할 수 있다.

결국 마크업은 단지 웹 개발자의 도구가 아니라 AI와 소통하는 콘텐츠의 기본 문법이다.

마크다운, 마크업, 스키마 마크업

마크업이 웹페이지나 문서의 '구조'를 표시한다면, 스키마 마크업(Schema Markup)은 '의미'를 설명한다. 검색엔진이나 AI는 웹페이지에 담긴 정보가 어떤 성격을 지니는지, 어떤 질문에 답할 수 있는지를 판단하기 위해 코드 속의 의미 정보를 살펴본다. 스키마 마크업은 이러한 의미 정보를 HTML 코드 내부에 구조화한 데이터로 표현한다.

스키마 마크업은 주로 JSON-LD라는 형식으로 작성되어 '〈script type="application/ld+json"〉' 태그 안에 들어간다. 이 안에는 '@type', 'name', 'description' 등 콘텐츠의 성격을 정의하는 항목이 있다. 예를 들어 제품 소개 페이지는 '@type: Product, name: 초코파이 딸기맛, brand: 오리온'처럼 작성하면, AI는 이 페이지가 제품 소개이며, 어떤 브랜드의 어떤 제품인지 정확히 파악할 수 있다.

스키마 마크업의 가장 큰 장점은 AI와 검색엔진이 콘텐츠를 더 정확히 이해하게 도와준다는 점이다. 최근에는 기업이나 기관의 블로그, 뉴스룸 콘텐츠에도 FAQ 스키마, Article 스키마, Product 스키마 등을 적극적으로 활용해 AI가 쉽게 학습하도록 하고 있다.

생성형 AI와 검색 기반 AI가 결합하는 요즘에 스키마 마크업은 단지 기술적 선택이 아니라 AI가 인식하는 콘텐츠의 우선순위에 직접적인 영향을 주는 전략적 수단이 된다.

마크다운, 마크업, 스키마 마크업을 비교해 보면, 마

크다운은 작성자가 콘텐츠를 빠르게 구조화할 수 있게 도와주는 도구라면, 마크업은 그 구조를 웹페이지에서 시각적으로 표현하고 사용자와 브라우저가 이해할 수 있게 설계하는 방식이다. 하지만 이렇게 구성된 콘텐츠의 구조만으로는 생성형 AI나 검색엔진이 그 정보의 의미와 맥락까지 정확하게 파악하기엔 조금 부족하다. AI가 그 콘텐츠의 정확한 의미까지 파악하도록 하려면 스키마 마크업이 추가로 필요하다. 검색엔진과 생성형 AI가 콘텐츠를 선별하고 요약하는 기준이 점점 정교해지기에 마크다운은 기초이고, 마크업을 기본이라 하면 스키마 마크업은 고급 전략이라 할 수 있다.

참고문헌

김수진(2024). 《프롬프트 엔지니어의 업무일지》. 리코멘드.

김주영 외(2024). 《기획부터 윤리까지 AI가 바꾸는 광고와 PR》. 이프레스.

박노일(2024). 《AI와 PR, 도전과 기회》. 커뮤니케이션북스.

은종성(2025). 《AI를 활용한 경영전략 수립》. 책길.

05
AEO와 보도자료 및 블로그 전략

AI 시대의 보도자료와 블로그 콘텐츠는 인간 고객과 AI 고객 모두 학습할 수 있게 최적화해야 한다. 이를 위해 명확한 정보 제공, 신뢰 있는 데이터 활용, 구조화한 형식이 필수다.

보도자료는 두괄식 구조로 핵심 메시지를 전달하고, 독자 중심으로 구성하면 AI와 사용자 모두 이해하기 쉽다. 블로그는 질문에 답하는 형식으로 설계하고, 시각 자료를 활용해 신뢰도를 높이고, 최신 정보로 정기적인 업데이트가 필요하다.

AI와 아이돌?

AI 친화적 보도자료 전략

AI 시대에는 보도자료를 독자에게 단순히 정보 전달용으로만 작성해서는 안 된다. 이제 보도자료는 독자뿐만 아니라 AI가 이해하고 학습할 수 있도록 작성해야 한다. AI 역시 보도자료를 보는 고객이라고 볼 수 있다. 굳이 고객을 나누자면 인간 고객과 AI 고객이라 할 수 있다. 그래서 명확하고 신뢰할 수 있는 데이터를 포함하며, 구조화한 형식을 통해 검색엔진과 AI 시스템이 데이터를 효율적으로 처리할 수 있도록 구성해야 한다. 게다가 스키마 마크업(Schema Markup)을 사용해 제목, 작성 날짜, 주요 키워드 등의 정보를 명확히 제공하면 검색 노출 효과를 극대화할 수 있다. AI가 학습하기 쉬운 보도자료를 만드는 핵심은 명확하고 신뢰할 수 있으며, 구조화한 정보를 제공해야 한다.

AI 친화적 보도자료에 담을 내용은 다음과 같다.

명확한 정보 제공

보도자료는 짧게, 쉽게, 명확하게 써야 한다. 주어와 서술어가 한 개씩 있는 단문으로 간결하게 쓰고, 중학생도 이해하도록 쉽게 쓰고, 메시지가 명확하게 보이도록 써야 한다. 그래서 보도자료는 명확한 정보 제공에 초점을 맞춰야 한다. 두괄식 구조로 중요한 내용을 먼저 작성하고, 문장은 간결하게 정리하고, 주제목(Headline)과 부제목(Sub-headline)을 사용해 내용을 구조화하여 독자와 AI 모두가 이해하기 쉽다. 주제목과 부제목에 강조할 메시지를 순서대로 담는 게 좋다. 예를 들어, 이번 신제품의 메시지가 4개라면, 중요한 순서대로 우선순위를 잡아 주제목에 메시지 1을 담고, 메시지 2, 3, 4를 부제목에 담으면 된다.

신뢰 있는 데이터 활용

신뢰할 수 있는 데이터를 담아야 한다. 보도자료에 공식 통계나 시장 조사 데이터를 활용하면, AI가 해당 정보를 신뢰성 있는 데이터로 학습할 확률이 높다. 예를 들어, '우리 제품이 인기 있다'보다는 '지난 분기 대비 판매량 33% 증가'처럼 구체적인 수치를 제시하는 것이 효과적이다.

구조화한 방식의 보도자료 구조 사용

보도자료는 구조화한 방식으로 작성해야 한다. 주제목, 부제목뿐 아니라 본문 단락도 전체를 이끄는 리드문, 메시지를 담은 단락, 인용문 등으로 구조화해야 한다. 또한 웹사이트에 게시하려면 보도자료가 워드 파일이라도 HTML로 변환해야 한다. HTML 게시가 가능하면 스키마 마크업을 포함해 검색엔진 최적화를 적용한다. 스키마 마크업을 사용하면, AI가 주요 정보를 빠르게 파악하고 학습할 수 있다. 제목, 작성 날짜, 주요 키워드 등을 스키마 형태로 제공하면 검색엔진에서도 유리하게 작용한다.

독자 중심 작성

보도자료는 독자인 인간 고객 관점으로 작성하면 좋다. 사용자 의도를 예측하고, 궁금할 만한 질문에 답변하는 형태로 내용을 구성하면 더욱더 효과적이다. 예를 들어, "이 제품은 어떤 점이 특별한가요?", "이전에 비해 어떤 점이 개선되었나요?"와 같은 질문에 답하는 형식으로 보도자료를 작성하면, AI와 인간 고객 모두에게 더욱 주목받을 수 있다.

정리하면, PR 실무자는 보도자료를 명확한 주제목과 부제목, 구조화한 본문과 단락으로 구성하고, 통계 인포그래픽이 포함된 전문적 디자인을 담아야 하며, 스키마 마크업으로 웹사이트에 게시해야 한다. 이를 통해 인간 고객과 AI 모두가 콘텐츠를 쉽게 이해할 수 있어야 한다.

사용자 질문과 의도 반영한 블로그

블로그 콘텐츠는 사용자 질문에 대한 구체적인 답변을 제공하고, 시각 자료를 활용해 신뢰도를 높이는 방식으로 설계해야 한다. 콘텐츠 설계 시 고객이 자주 묻는 질문을 기반으로 사용자 의도를 반영하고, 최신 정보를 정기적으로 업데이트해 콘텐츠의 유용성과 신뢰성을 유지하는 것이 중요하다.

블로그 콘텐츠는 단순히 정보를 나열하는 것이 아니라, 인간 고객인 사용자가 가진 질문에 구체적으로 답변하고 의도를 충족해야 한다. 이는 바로 AI가 학습하기에도 적합한 콘텐츠다.

사용자 질문과 의도를 반영한 블로그 작성법은 다음과 같다.

질문에 답이 되는 블로그

블로그는 사용자의 질문에 답하는 콘텐츠를 기획해야 한다. 사용자가 "이 운동화는 왜 필요하죠?"라고 물을 것이라 예상한다면, 해당 질문에 답변하는 형식으로 블로그를 작성해야 한다. 그래서 고객 리뷰, 소셜 미디어 데이터 등을 분석해 자주 묻는 질문을 파악하고 이를 기반으로 콘텐츠를 구성하면 된다. 예를 들면 다음과 같은 구체적인 질문과 대답이 가능하다.

- 질문: "이 운동화는 직장인에게 왜 필요하죠?"
- 답변: "운동 부족인 직장인을 위한 운동화로 정장과 캐주얼 모두 잘 어울립니다. 그래서 출근할 때, 걷기 운동을 할 때, 모두 착용 가능합니다."

깊이 있는 정보 제공

블로그에 전문성이 있는 깊이 있는 정보를 제공해야 한다. 예를 들어, 스마트워치를 다룬다면 단순히 기능 소개에 그치지 말고, 배터리 성능, 호환성, 사용 후기, 전문가 리뷰까지 포함해 사용자가 필요로 하는 모든 정보를 한 곳에서 제공하면 좋다. 그래서 관련 분야 전문 지식을 갖춘 사내외 블로그 기자단을 섭외하거나 양성해 블로그를 작성하는 게 좋다.

시각 자료와 스토리텔링 활용

블로그에는 눈에 띄는 시각 자료와 관심을 일으키는 스토리텔링을 담아야 한다. 블로그에 글 중심의 텍스트만 나열하지 말고 관련 그래프, 인포그래픽, 이미지, 웹툰, 동영상 등을 포함하자. 또, 전문적인 설명문과 함께 스토리텔링을 활용해 사용자가 정보를 더 쉽게 이해하고 흥미를 갖게 해야 한다. 예를 들어 '새로운 심박수 모니터링 기능'을 설명할 때 실제 데이터를 그래프로 보여 주거나, '스마트폰 AI 에이전트 기능'을 소개할 때 사용자의 사례를 스토리텔링해 전달하면 더 효과적이다.

정기 업데이트

블로그 관리자는 블로그를 정기적으로 업데이트해야 한다. 기업이나 기관에서 제품, 서비스, 정책을 새롭게 업데이트하면 반드시 블로그 내용도 최신 정보로 갱신해야 한다. 최신 정보를 지속해서 반영한 콘텐츠가 많아야 블로그 신뢰도가 높아지고 AI에 학습 당하는 블로그로 자리매김할 수 있다.

키워드와 메타데이터 최적화

키워드와 메타데이터 최적화는 검색 노출을 높이는 필수 전략이다. 질문형 키워드를 활용하고, 메타데이터를 통해 콘텐츠의 핵심 메시지를 효과적으로 전달해야 한다. 키워드는 문맥에 자연스럽게 배치하되, 지나친 반복을 피해야 하며, 스키마 마크업을 활용해 콘텐츠를 구조화하면 AI가 정보를 더욱 쉽게 학습하고 처리할 수 있다. 이러한 전략은 AEO를 성공적으로 구현하는 데 꼭 필요하다.

효과적인 키워드와 메타데이터 최적화는 검색 결과에서 콘텐츠의 가시성을 극대화하는 데 필수다. AI 기반 검색에서도 키워드는 여전히 중요한 역할을 하며, 이를 활용해 AEO(Answer Engine Optimization, 답변엔진 최적화) 전략을 효과적으로 실행할 수 있다.

첫째, 질문형 키워드를 활용해야 한다. 기존의 단어 중심 키워드에서 벗어나 사용자가 자주 묻는 질문 형식의 키워드를 콘텐츠에 포함해야 한다. 예를 들어 '가성비 좋은 스마트워치' 대신 '가성비 좋은 스마트워치 추천'처럼 '추천'이란 단어를 추가해 질문 형태로 만들어 사용하면, AI가 사용자 질문과 콘텐츠를 더 잘 매칭할 수 있다.

둘째, 메타데이터를 최적화하여 AI와 검색엔진이 콘텐츠의 핵심 메시지를 쉽게 이해하도록 해야 한다. 메타데이터는 콘텐츠 자체를 설명하는 '데이터에 대한 데이터'로, 콘텐츠 본문에 표시되진 않지만, 코드 안에 숨겨져 AI와 검색엔진이 먼저 읽는 '콘텐츠의 요약 정보'를 나타낸다. 이는 콘텐츠의 주제, 키워드, 작성자, 날짜 등을 알려 주는 보이지 않는 설명서 역할을 한다. 검색엔진과 AI는 이 메타데이터를 기반으로 콘텐츠를 분류하고, 검색 결과에 요약하거나 노출 우선순위를 판단한다. 제목 태그(title tag), 메타 설명(meta description), 이미지 대체 텍스트(alt text) 등을 최적화하여 AI가 콘텐츠의 의미를 쉽게 파악할 수 있도록 해야 한다. 예를 들어, 메타 설명에 'Galaxy Watch 6는 심박수 측정, 수면 분석 등 혁신적인 기능을 제공합니다'라는 구체적인 내용을 포함하면, 검색 결과에 영향을 줄 수 있다.

셋째, 키워드의 자연스러운 배치가 필요하다. 과거 SEO(Search Engine Optimization, 검색엔진 최적화)에는 특정 키워드를 반복적으로 삽입해 검색 순위를 높이는 전략이 주로 사용되었지만, 생성형 AI의 AEO는 이제 콘텐츠의 문맥과 흐름을 분석한다. 따라서 키워드는 문장의 자연스러운 흐름 속에서 배치되어야 하며, 불필요한 반복은 피해야 한다. 예를 들어, '스마트워치 배터리'라는 키워드를 콘텐츠 흐름에 맞게 여러 문장에 분산해 삽입하는 것이 바람직하다.

넷째, 스키마 마크업을 활용해 메타데이터를 구조화하거나, 워드와 메타데이터를 AI가 쉽게 이해할 수 있는 구조로 제공하면 검색 노출 가능성을 더욱 높일 수 있다.

특히, FAQ 섹션이나 제품 리뷰 정보를 스키마로 구조화하면, AI가 질문과 답변을 검색 결과에 직접 반영할 수 있다.

참고문헌

김태욱(2024). 《AI로 PR하기》. 커뮤니케이션북스.
오종현(2025). 《AI, 너 내 마케터가 돼라》. e비즈북스.
서승완(2025). 《커서 AI, 트렌드 & 활용백과》. 스마트북스.

06
AEO와 SNS 콘텐츠 최적화

AEO는 소셜미디어에서 AI와 소비자를 연결하는 핵심 전략이다. 트렌드 키워드 분석을 통해 소비자 관심사를 파악하고 맞춤형 콘텐츠를 기획할 수 있다. 질문형 게시물은 사용자 참여를 유도하며, AI 학습 데이터로 활용된다. 해시태그와 링크 최적화도 중요하다. AI는 해시태그 분석으로 콘텐츠 노출을 증가시키고, 링크를 활용해 신뢰성 있는 정보를 제공한다. 기업은 AI 기반 소셜미디어 최적화를 통해 소비자 신뢰를 구축하고 PR 경쟁력을 강화할 수 있다.

AI와 야구?

트렌드 키워드로 소비자와 연결

인스타그램, 페이스북, 유튜브, 틱톡, X와 같은 소셜미디어, SNS는 온라인 PR(Public Relations)의 핵심 플랫폼으로 자리 잡았다. 특히 AI 기반 AEO(Answer Engine Optimization, 답변엔진 최적화)를 성공적으로 구현하는 데 소셜미디어는 필수적이며, 향후 AEO 전략의 중추적인 역할을 담당할 것이다. 소셜미디어는 소비자와 실시간으로 소통할 수 있고, 최신 트렌드를 신속하게 반영할 수 있다는 점에서 차별화된다. AI는 이러한 소셜미디어 데이터를 활용해 사용자의 의도를 분석하고, 맥락을 파악하며, 사용자들의 관심사를 이해하고 적절한 콘텐츠를 추천하는 핵심 도구다.

예를 들어 보자. 인스타그램에서 '운동 후 프로틴 제품' 관련 콘텐츠는 꾸준히 높은 관심을 받고 있다. 이 주제에 관해 퍼플렉시티(Perplexity)로 트렌드 분석을 해보면, 프로틴 제품에 대한 단순 소개 콘텐츠를 넘어 영양학적 가치와 라이프스타일 통합에 중점을 둔 콘텐츠가 주목받고 있다고 한다. 특히 고단백, 저당, 맛과 편의성을 동시에 갖춘 제품들이 인스타그램에서 높은 인기를 누리고 있으며, 다양한 형태의 시각적 콘텐츠와 교육적 정보를 결합한 포스팅이 가장 효과적인 것으로 나타났다. 이러한 트렌드를 활용해 스토리텔링 중심의 콘텐츠 전략을 수립하고, 사용자 참여를 유도하는 이벤트를 진행하면 된다.

소셜미디어의 트렌드 키워드 분석은 다음과 같은 역할을 한다.

소비자의 관심사 파악

소셜미디어의 트렌드 키워드는 사용자 관심사를 가장 잘 반영하는 데이터다. 챗GPT(ChatGPT), 클로드(Claude), 퍼플렉시티, 클로바X(CLOVA X) 같은 생성형 AI(Generative Artificial Intelligence)는 이러한 트렌드 키워드를 분석해 소비자가 관심 있는 주제를 파악하고 적합한 콘텐츠를 추천한다. 또, AI는 인스타그램의 해시태그와 게시물 데이터를 분석해 소비자들이 프로틴 음료에 대해 나누는 이야기를 추적할 수 있다.

AI와 소비자 대상 콘텐츠 기획

기업이 만든 트렌드 키워드 기반 콘텐츠는 소비자와의 접점을 효과적으로 강화할 수 있다. 기업은 '운동 후 최적의 프로틴 음료'라는 주제로 게시물을 작성하고, 제품의 영양 성분과 맛을 강조하는 동영상이나 이미지를 함께 게시하여 소셜미디어 알고리즘에서 노출 우선순위를 높일 수 있다. 또 AI는 이러한 데이터를 학습해 향후 사용자의 검색이나 질문에 해당 정보를 반영할 수 있다. 이렇게 제작된 콘텐츠는 소비자의 관심을 효과적으로 끌어낼 수 있다.

소비자의 니즈 예측

AI는 트렌드 키워드의 미래 발전 방향을 예측하는 데도 유용하다. 특정 프로틴 음료에 대한 소비자 관심 증가 시점을 예측하거나, 소비자들이 요구하는 추가 기능과 맛에 대한 피드백을 분석할 수 있다. 이것으로 기업은 소비자의 요구에 선제적으로 대응하는 전략을 수립할 수 있다. 소셜미디어의 소비자 반응 데이터를 분석하면 키워드 활용 방식을 개선하고, 소비자에게 더욱 효과적으로 다가갈 수 있는 메시지나 콘텐츠를 개발할 수 있다.

이렇게 소셜미디어는 AI가 사용자 관심사를 분석하고 기업이나 기관의 AEO 전략을 실현하는 데 핵심 역할을 한다. 트렌드 키워드를 적절히 활용해 콘텐츠를 제작하면 기업은 소비자와 신뢰를 구축할 수 있으며, 동시에 AI 학습 데이터를 효과적으로 제공할 수 있다.

효과적인 질문형 게시물

질문형 게시물은 소셜미디어에서 사용자 참여와 데이터 수집을 동시에 달성할 수 있는 효과적인 방법이다. 특히 AI 시대에는 질문형 콘텐츠가 더욱 중요해졌다. 질문은 단순히 답변을 유도하는 데 그치지 않고, 고객의 니즈와 관심사를 파악할 수 있는 귀중한 데이터를 제공해 준다.

질문형 게시물은 사용자 참여를 유도하는 가장 효과적인 방법인데, 예를 들어 "프로틴 음료를 선택할 때 가장 중요하게 생각하는 요소는 무엇인가요?"라는 질문은 소비자 의견을 구조적으로 수집할 수 있다. 이 과정에서 기업은 소비자가 무엇을 원하는지, 어떤 점을 개선해야 할지 명확히 이해할 수 있다. 더 나아가 이러한 질문은 AI가 학습할 수 있는 데이터를 제공하여, 기업이 더 정교한 PR 전략을 수립할 수 있다.

효과적인 질문형 게시물 설계를 위한 3가지 원칙을 정리하면 다음과 같다.

구체적인 질문 사용

소비자의 참여율을 높이려면 질문이 구체적이고 명확해야 한다. 애매하거나 광범위한 질문보다는 특정한 상황을 가정한 질문이 더 효과적이다. 예를 들어 "당신이 좋아하는 프로틴 음료 브랜드는 무엇인가요?"보다는 "운동 후 가장 자주 마시는 프로틴 음료 브랜드는 무엇인가요?"라고 질문하면 소비자는 자신의 경험을 바탕으로 더 쉽게 답변할 수 있다. 또한 "좋아하는 이유는 무엇인가요?"라는 후속 질문을 추가하면 소비자의 선택 기준을 더 깊이 파악할 수 있다.

구체적인 질문은 소비자의 관심을 끌 뿐만 아니라 AI가 데이터를 분석하고 학습하는 데도 유리하다.

선택형 질문 활용

선택형 질문은 소비자의 답변을 구조화하고 분석하기 쉽게 만들어 준다. 예를 들어 "프로틴 음료를 선택할 때 더 중요한 기준은 무엇인가요?"라는 질문에 ① 맛 ② 영양 성분 ③ 가격 ④ 브랜드 인지도 등의 선택지를 제공하면, 소비자는 자신의 선호도를 빠르게 선택할 수 있다. 이를 통해 기업은 소비자 니즈를 더 명확하게 분석할 수 있다.

선택형 질문은 AI가 데이터를 학습하고 패턴을 분석하는 데 최적화되어 있다. 예를 들어 "당신이 가장 중요하게 생각하는 영양소는 무엇인가요?"라는 질문에 ① 단백질 함량 ② 비타민 및 미네랄 ③ 저당 · 저칼로리 등의 선택지를 추가하면, AI는 소비자의 선호도를 세부적으로 분석할 수 있다.

개방형 질문 추가

개방형 질문은 소비자의 자유로운 의견을 끌어내고, 숨겨진 니즈를 파악하는 데 효과적이다. 예를 들어 "프로틴 음료를 고를 때 가장 고민하는 요소는 무엇인가요?"라는 질문을 던지면, 소비자가 가격, 성분, 맛, 브랜드 신뢰도 등 다양한 요인을 언급할 가능성이 높다. 이는 단순한 선택형 질문으로는 얻기 어려운 깊이 있는 인사이트를 제공한다.

이렇게 작성한 질문형 게시물은 사용자 참여를 유도하고 AI 학습 데이터를 제공하는 데 매우 효과적이다. 여기에 핵심 정보 요약을 병행하면, 소비자와 AI 모두에게 유용한 콘텐츠를 제작할 수 있으며, 이는 소비자와의 상호작용을 강화하고, AI 학습에 도움을 준다.

해시태그와 링크 최적화

해시태그와 링크의 활용도 소셜미디어 최적화의 중요한 요소다. 해시태그는 특정 주제를 쉽게 검색하도록 돕고 콘텐츠의 노출도를 높이며, 링크는 추가 정보를 제공해 사용자 경험을 향상한다. 이를 통해 사용자 경험을 향상하고, 브랜드 신뢰도를 높이는 효과를 얻을 수 있다.

AI는 소셜미디어에서 해시태그와 링크를 분석하여 소비자와 콘텐츠를 효과적으로 연결하는 데 중요한 역할을 한다. 기업과 기관은 이러한 데이터를 활용해 AEO 전략을 극대화할 수 있다. 해시태그는 소셜미디어에서 콘텐츠 검색과 노출을 좌우하는 중요한 요소로, AI는 이를 분석하여 사용자와 기업을 가장 효과적으로 연결할 수 있도록 도와준다. 즉 AI는 데이터 기반의 연관 태그 해시태그를 추천해 준다.

예를 들어 퍼플렉시티에 "인스타그램에서 프로틴 관련 콘텐츠를 만들 때 어떤 해시태그를 사용하는 것이 좋을까"를 요청하면, '#프로틴'과 함께 '#단백질', '#프로틴보충제', '#프로틴파우더' 등 기본적 용어들과 최근에 많이 사용한다는 '#대용량', '#6대단백질설계'와 같은 구체적인 제품 특성을 강조하는 해시태그도 알려 준다. 기업은 이런 추천 해시태그를 활용해 소비자가 관심을 가질 만한 콘텐츠를 기획 제작할 수 있다.

소셜미디어 게시물에 포함된 링크 역시 AI 학습과 콘텐츠 최적화에 중요한 데이터로 활용된다. 링크를 효과적으로 최적화하면 AI는 해당 콘텐츠의 신뢰성과 관련성을 더 잘 평가할 수 있다. 예를 들어 프로틴 음료를 소개하는 게시물에 제품 상세 페이지, 영양 성분 비교 자료가 포함된 FAQ 섹션, 또는 사용자 리뷰 페이지를 링크로 삽입하면, 소비자가 추가 정보를 쉽게 찾을 수 있다. 이는 소비자 경험을 개선하는 동시에 AI가 관련 콘텐츠를 학습하고 활용할 수 있게 한다.

해시태그와 링크는 AI와 소셜미디어가 상호작용하는 중요한 연결고리다. 이를 최적화해 기업은 소비자와의 접점을 확대하고 AEO 전략을 더욱 강화할 수 있다. 특히 AI 기반 추천 도구와 데이터를 활용하여 해시태그와 링크를 지속해서 개선하면, 소비자와 기업 모두에게 유익한 콘텐츠 생태계를 구축할 수 있다. 이러한 전략은 브랜드 신뢰도를 강화하고 온라인 PR의 효율성을 극대화하는 데 핵심 역할을 한다.

참고문헌

김태욱(2024). 《AI로 PR하기》. 커뮤니케이션북스.

김주영 외(2024). 《기획부터 윤리까지 AI가 바꾸는 광고와 PR》. 이프레스.

오종현(2025). 《AI, 너 내 마케터가 돼라》. e비즈북스.

07
AI와 보도자료 작성과 배포

AEO 전략을 고려한 보도자료 작성과 배포는 기사화를 목표로 한 명확하고 구조화한 문서 작성이 핵심이다. 기자가 빠르게 이해할 수 있도록 주제목과 부제목에 핵심 메시지를 담고, 신뢰할 수 있는 데이터와 출처를 포함해야 한다. 또한 검색엔진 최적화를 위해 HTML 변환 및 스키마 마크업을 적용하고, 스토리텔링을 활용하여 AI와 독자의 관심을 끌어야 한다. 배포 시에는 적합한 기자 리스트를 구축하고, 이메일, 뉴스룸 등 효과적인 채널을 활용해야 한다.

AI와 운동주?

기본구조 활용 보도자료 작성법

보도자료는 기업이나 기관이 세상에 자신들의 이야기를 알리는 첫 단계다. 하지만 단순히 정보를 나열하는 것만으로는 기사화하기 어렵다. 기사로 만들어지려면 기자들이 먼저 "어, 이거 말이 되네"라고 해야 한다. 이때 기자가 '말이 된다'라는 얘기는 기삿거리가 된다는 의미다. 기사 가치가 있다는 뜻이다. 이를 위해 기자가 보도자료를 쉽게 이해할 수 있어야 하고, 보도자료에 기삿거리로서 매력적으로 다가올 수 있는 요소가 포함되어야 한다.

기사화 가능성을 높이려면 명확한 구조와 신뢰할 수 있는 데이터, 그리고 사람들의 관심을 끌 스토리가 담겨야 한다. 앞에서 언급한 AI 친화적 보도자료 작성 원칙인 명확한 정보 제공, 신뢰하고 있는 데이터 활용, 구조화한 방식의 보도자료 구조 사용, 독자 중심 작성 등에 관해 좀 더 구체적으로 예를 들어 설명하겠다.

첫째, 보도자료는 명확한 정보 제공에 초점을 맞춰야 한다. 보통 기자들은 보도자료를 읽을 때 핵심 정보를 빠르게 파악하길 원하기 때문에 보도자료를 쓸 때는 장문보다는 메시지를 일목요연하게 구조적으로 작성해야 한다. 따라서 보도자료는 주제목, 부제목에 중요한 메시지를 일목요연하게 담아야 한다. 예를 들어, 오리온이 '닥터유 프로젝트'를 시작한다는 보도자료의 주제목과 부제목을 아래와 같이 작성하여 프로젝트의 핵심 메시지와 차별점을 명확하게 전달해야 한다.

오리온, '닥터유 프로젝트'로 국민 건강 지킨다
- 첨가물 줄이고 칼슘 · 식이섬유 보강 제품 선봬
- 3대 영양소 균형 맞추면 '닥터유 프로젝트 마크' 부착
- 식품업계 최초로 패키지에 콩기름 잉크 사용

그리고 본문은 정보를 단계적으로 콘텐츠로 정리해야 한다. 즉 단락마다 핵심 메시지를 담는 방법이 좋다. 먼저, 첫 단락에서는 전체 내용을 리드문으로 명확하게 설명해야 한다. 독자들이 첫 문단만 봐도 전체 내용이 무엇인지를 간파하게 해야 한다. 이후 단락에서는 핵심 메시지를 독자에게 전달하고자 하는 중요한 메시지부터 우선순위대로 명료하게 담아야 한다. 오리온이 '닥터유 프로젝트'를 예시로 작성해 보겠다.

오리온(대표이사 김상우)은 국민 건강을 위한 '닥터유 프로젝트(Dr. You Project)'로 전 제품 혁신에 적극 나섰다. 오리온은 21일 서울 프라자호텔에서 기자간담회를 열고, 건강한

차세대 가공식품의 기준을 '닥터유 프로젝트'를 통해 제시하겠다고 밝혔다.

이번에 공개된 '닥터유 프로젝트'는 오리온이 지난 2001년부터 건강한 과자를 만들기 위해 단계적으로 진행해 온 것으로, '트랜스지방 저감화 프로젝트', '포화지방 저감화 프로젝트'에 이은 세 번째 단계로 지난 1년간 서울대 가정의학과 유태우 박사의 국민건강팀과 공동 진행한 국민 건강 프로젝트다.

지난해 3월부터 진행된 세 번째 혁신 프로젝트는 한국인의 영양 섭취 실태에 따라 유태우 박사와 초코파이, 오징어땅콩, 카스타드 등 기존 제품의 영양학 분석을 진행하고, 칼슘, 식이섬유 등 좋은 영양소는 보충하고 나트륨, 단순당 등 몸에 나쁜 첨가물은 저감화하는 등 영양 밸런스를 맞춰 새롭게 출시했다.

오리온은 3대 영양소인 탄수화물, 단백질, 지방 비율을 한국인의 체질에 맞춰 65:15:20으로 영양 설계한 제품에는 '닥터유 프로젝트 마크'를 부착했다. 영양 밸런스가 개선되어 새롭게 출시된 8종의 제품에는 '닥터유 프로젝트 마크'가 있다. 또 영양 밸런스 정보를 보여주는 '닥터유 프로젝트 마크'에는 보강된 영양소와 저감화된 성분이 표기되어 있다.

아울러 오리온은 제품 패키지도 식품업계 최초로 콩기름 잉크를 사용하고, 휘발성 유기화합물을 최소화한 그린패키지를 모든 제품에 적용해 겉 포장지까지 건강하게 즐길 수 있도록 한다는 계획이다.

오리온 김상우 대표이사는 "오리온의 국민 건강을 위한 혁신은 이번 3단계에 그치는 것이 아니라, 가공 식품도 안전하고 건강하게 먹을 수 있다는 신뢰가 쌓일 때까지 끊임없이 이어질 것"이라고 말했다.

위 보도자료는 여섯 개 단락으로 되었는데, 첫째 단락은 리드문으로 전체 내용을 포괄적으로 정리했고, 둘째 단락은 서울대 유태우 박사와 함께 만들었다는 메시지를 담았고, 셋째 단락은 첨가물 줄이고 칼슘·식이섬유 보강했다는 메시지를, 넷째 단락은 3대 영양소 균형 맞췄다는 메시지를, 다섯째 단락은 식품업계 최초로 콩기름 잉크를 사용했다는 메시지를 담았고, 마지막 여섯째 단락은 인용문을 넣었다. 기자들이 기사로 쉽게 활용할 수 있도록 중요한 정보를 우선순위대로 단락별로 간결하고 명확하게 작성해야 했다.

둘째, 신뢰할 수 있는 데이터를 포함해야 한다. '한국인의 체질에 맞춰 65:15:20으로 영양 설계한 제품'이나 '지난 분기 매출 30% 증가'와 같이 구체적인 숫자나 통계를 제시하면 보도자료의 신뢰도가 높아진다. 공신력 있는 출처나 연구 데이터를 활용하면 기자들이 정보를 더욱 신뢰할 수 있다. 필요하면 관련 그래프, 도표, 인포그래픽을 첨부해 메시지를 보완하면 더 설득력 있는 자료가 된다. 이런 자료를 담으면 독자들도 "이 회사는 믿을 만한 데이터를 바탕으로 말하고 있다"는 인상을 받을 것이다.

셋째, 보도자료는 구조화한 방식으로 작성해야 한다. 보도자료 역시 구조화한 콘텐츠다. 이를 위해 보도자료 기본 구조에 맞춰 작성하면 좋다. 주제목, 부제목뿐 아니라 본문 단락도 전체를 이끄는 리드문, 메시지를 담은 단락, 인용문 등으로 구조화해야 한다. 위에 예를 든 '닥터유 프로젝트' 보도자료는 이런 기본 구조에 맞춰 작성했다. '주제목', '부제목 3개', '리드문', '단락 1: 메시지 1', '단락 2: 메시지 2', '단락 3: 메시지 3', '단락 4: 메시지 4', '단락 5: 인용문'으로 구조화한 방식의 보도자료 구조를 사용했다.

웹사이트에 게시하려면 보도자료가 워드 파일이라도 HTML로 변환하면 좋다. HTML 게시가 가능하면 스키마 마크업(Schema Markup)을 포함해 검색엔진 최적화를 적용한다. 스키마 마크업을 사용하면, AI가 주요 정보를 빠르게 파악하고 학습할 수 있다. 제목, 작성 날짜, 주요 키워드 등을 스키마로 제공하면 검색에도 유리하다.

넷째, 보도자료는 독자를 염두에 두고 독자 관점에서 작성해야 한다. 소비자가 궁금해할 만한 질문에 답변하는 형태로 내용을 구성하면 더 효과적이다. 예를 들어, "이 제품은 어떤 점이 특별한가요?", "이전에 비해 어떤 점이 개선되었나요?"와 같은 질문에 답하는 형식으로 보도자료를 작성하면, 기계 고객인 AI와 인간 고객인 독자 모두에게 유용하다.

정리하면, 기사화 확률이 높은 보도자료는 메시지가 명확하고 간결하며, 신뢰할 수 있는 데이터가 있고, 보도자료 기본구조에 따라 논리적으로 작성되고, 독자가 궁금해하는 내용 중심으로 작성되어야 한다. 이러한 보도자료는 기자도 관심을 두고 기삿거리로 뽑기 좋다.

생성형 AI(Generative Artificial Intelligence)가 답변을 위해 학습하는 자료 중에 신문 기사는 큰 비중을 차지

한다. 기사화한 보도자료는 AEO(Answer Engine Optimization, 답변엔진 최적화)의 중요한 전략에 포함된다.

AI와 언론 대상 핵심 메시지 전달

앞에서도 언급했지만, AI 시대에는 보도자료가 단순히 인간 고객만을 대상으로 작성되어서는 안 된다. AI가 보도자료를 학습하고 분석해 결과를 생성할 수 있게 작성해야 한다.

간결하고 구조화한 메시지

보도자료는 간결하고 구조화한 메시지가 필요하다. AI는 긴 문장을 분석하는 데 시간이 더 걸릴 수 있다. 따라서 보도자료는 짧고 명확한 문장으로 작성하는 것이 좋다. '닥터유 프로젝트'와 같이 4~5개의 메시지로 나눠 명확하고 간결하게 작성해야 효과적이다.

신뢰할 수 있는 데이터와 출처 제공

신뢰할 수 있는 데이터와 출처를 제공한다. AI는 데이터를 기반으로 학습한다. 따라서 보도자료에 공신력 있는 데이터를 포함하면 AI가 이를 신뢰성 있는 정보로 인식할 수 있다. 예를 들어 "세계보건기구(WHO)에 따르면,

2025년 건강식품 시장은 50% 성장했습니다"와 같은 문장을 포함하면 AI뿐 아니라 기자와 독자도 믿음을 갖게 된다. 기자 역시 데이터가 담긴 숫자나 그래프를 선호하는 경향이 있다.

검색엔진 친화적으로 설계

보도자료는 AI와 검색엔진 친화적으로 설계해야 한다. 보도자료에 스키마 마크업이나 메타태그를 적용하면 AI와 검색엔진이 보도자료의 구조를 더 쉽게 찾을 수 있고 쉽게 이해할 수 있다. 스키마 마크업은 웹페이지의 HTML 코드에 추가되는 마이크로 데이터로 보도자료를 자사 뉴스룸이나 블로그 등에 포스팅할 때 사용한다.

제품 관련 스토리텔링 추가

때론 보도자료에 스토리텔링을 추가한다. AI와 언론 모두 단순한 데이터보다 이야기에 더 주목한다. 보도자료에 "이 제품은 개발자가 개인적인 건강 문제를 극복하기 위해 개발한 결과다"나 "이 정책으로 서울에 사는 김○○ 씨는 새로운 직장을 얻을 수 있었다"와 같은 개발자나 이용자의 스토리텔링을 추가하면 더 많은 관심을 받을 수 있다. 이런 스토리는 인간적인 요소를 더해 주는 동시에 AI가 더 흥미롭게 학습할 수 있는 콘텐츠가 된다.

이렇게 AI와 언론이 모두 주목할 수 있는 보도자료는 간결하고 명확한 메시지, 신뢰할 수 있는 데이터, 그리고 스토리텔링을 포함해야 한다. 이러한 보도자료는 AI 시대에 기업의 경쟁력을 높이고 더 많은 공중에게 메시지를 전달할 수 있는 강력한 도구가 된다.

AEO 최적화를 위한 타깃 배포 전략

보도자료는 작성도 중요하지만 PR(Public Relations) 전략에 적합한 목표 공중에게 전달하는 것도 중요하다. AEO를 고려한 배포 전략은 보도자료가 적합한 대상에게 닿게 하고, 검색엔진에서도 쉽게 노출될 수 있도록 만든다.

첫째, 적합한 언론사와 기자를 찾아야 한다. 모든 기자가 우리 주제에 관심이 있는 것은 아니다. 기술 제품이라면 IT 전문 기자를, 소비자 제품이라면 라이프스타일 기자를 찾아야 한다. 물론 보도자료 배포를 해 왔던 기업이나 기관은 언론 기자 리스트가 있을 것이다. 만약 리스트가 없다면, 기자들이 과거에 작성한 기사를 조사하거나, 기자 데이터베이스를 활용해 우리 기업기관의 언론 기자 리스트를 구축해야 한다. 보도자료 배포에서 정확한 언론 기자 리스트는 반드시 필요하다.

AI를 활용해 언론 기자 리스트를 만드는 방법도 있다. 챗GPT(ChatGPT) 심층 리서치에 아래와 같이 프롬프트를 쓰고 요청하니 리스트를 만들어 줬다.

> 보도자료 배포를 위해 기자 리스트를 만들려고 해. 아래 순서로 만들어 줘.
>
> 1. 2025년 4월 1일부터 10일까지 영화, 연극, 공연 등의 기사를 쓰는 한국 언론 기사를 찾아 줘.
>
> 2. 기사를 쓴 기자를 리스트로 만들어 줘. 리스트에는 언론사 이름, 기자 이름, 이메일, 기사 내용 등을 넣어 줘. 기사 내용은 간단하게 영화, 연극, 공연 등 간략하게만 적어 줘.

둘째, 효과적인 배포 채널을 활용해야 한다. 보도자료를 전송할 때는 기자들이 자주 사용하는 채널로 보내는 것이 좋다. 가장 많이 사용하는 배포 방법은 이메일이다. 이메일은 여전히 가장 일반적인 방법이지만, 기업이나 기관의 뉴스룸 페이지나 별도의 배포 플랫폼도 효과적이다. 특히 기업기관의 뉴스룸은 기자들이 언제든 필요한 정보를 다운로드할 수 있는 허브 역할을 한다. 잘 운영하는 뉴스룸은 우리가 소유한 미디어다.

셋째, 보도자료 배포 후에는 성과를 분석해야 한다. 뉴스룸에서 기자 몇 명이 열람했는지, 얼마나 많은 기사가 작성되었는지, 어떻게 기사로 쓰였는지, 보도자료가 검색엔진에서 얼마나 자주 노출되었는지를 모니터링해야 한다. 이렇게 얻은 데이터를 바탕으로 다음 배포 전략을 개선하면 성과가 점점 나아질 것이다.

정리하면, 올바른 배포 전략은 적합한 기자와 언론사를 찾아내고, 효율적인 채널을 통해 보도자료를 전달하며, 이후 성과를 분석하고 개선하는 과정을 포함한다. 이를 통해 기업과 기관은 더 많은 공중에게 메시지를 전달할 수 있다.

참고문헌

김태욱(2024). 《AI로 PR하기》. 커뮤니케이션북스.

김태욱 · 한정진(2020). 《정책홍보 보도자료 작성 실무》. 커뮤니케이션북스.

08
AI와 블로그 및 SNS 포스팅

블로그 콘텐츠는 AI와 인간이 쉽게 이해할 수 있도록 질문과 답변 구조와 신뢰 있는 데이터를 포함해야 한다. 소비자가 자주 묻는 질문 기반의 콘텐츠를 구성하고, 시각 자료와 스토리텔링을 활용해 가독성과 신뢰도를 높여야 한다. 블로그 작성과 포스팅은 마크다운과 HTML로 구조화해야 한다. SNS에서는 질문형 게시물을 활용해 사용자 참여를 유도하고, AI 학습 데이터를 제공해야 한다. 또 AI로 트렌드를 모니터링해 질문형 콘텐츠를 기획 제작하고 포스팅해야 한다.

AI와 한의학?

AEO 친화적인 블로그 콘텐츠 작성

AEO(Answer Engine Optimization, 답변엔진 최적화)에 적합한 블로그 콘텐츠는 기계 고객인 생성형 AI (Generative Artificial Intelligence)와 인간 고객인 소비자가 모두 이해하기 쉽고 관심이 끌리도록 매력적으로 구성해야 한다. AEO 친화적인 블로그 콘텐츠는 명확한 질문과 답변 구조를 중심으로 신뢰성 있는 데이터를 활용하고, AI가 학습하기 쉽도록 체계적으로 구조화한 콘텐츠로 정리하는 것이 좋다.

질문에 답하는 구조

먼저 소비자의 질문에 답하는 콘텐츠 구조가 효과적이다. 기업은 블로그 콘텐츠를 소비자가 자주 묻는 질문을 중심으로 구성해야 하며, 이를 위해 고객 서비스 데이터를 분석하거나 소셜미디어 및 리뷰 사이트에서 반복적으로 등장하는 질문을 수집할 필요가 있다. 예를 들어, 호텔 서비스 업종에서는 "체크인 시간이 늦어질 때는 어떻게 해야 하나요?" 같은 질문에 대한 단계별 해결책을 제시하는 형식이 효과적이다. 이러한 블로그는 소비자가 당면한 문제를 해결하는 동시에, AI가 질문과 답변의 관계를 학습하는 데 도움을 준다.

외식업의 경우, 레스토랑 블로그에서 "채식주의자를 위한 특별 메뉴가 있나요?"와 같은 질문에 답하는 콘텐츠를 제작할 수 있다. 메뉴 사진과 함께 채식 메뉴를 도입한 배경을 설명하고, 고객 후기나 추천을 포함하면 신뢰와 관심을 동시에 확보할 수 있다.

데이터와 스토리텔링 활용

신뢰 있는 데이터와 공감하는 스토리텔링을 적절히 결합해야 한다. 블로그 콘텐츠는 신뢰성을 확보하기 위해 공신력 있는 데이터를 포함해야 한다. 예를 들어 "2025년까지 웨어러블 기기 시장이 연평균 10% 성장할 것"이라는 통계를 포함하면 콘텐츠의 신뢰도가 높아진다. 서비스업에서는 "최근 1년간 관광객 만족도 조사에서 95%가 우리 투어 프로그램을 추천했다"와 같은 데이터를 추가하면 설득력이 더욱 강화된다.

데이터만 나열하는 대신 기업이나 기관의 스토리를 결합하면 소비자와의 연결이 강화된다. 예를 들어 "이 프로그램은 코로나19 팬데믹 이후, 여행에 대한 갈증을 느끼던 고객들을 위해 기획되었다"와 같은 방식으로 상품 개발 배경을 스토리텔링해 전달하면 소비자와 공감대를 형성할 수 있다.

시각 자료 활용

시각 자료를 적극적으로 활용해 가독성을 높여야 한다. 텍스트만으로 구성된 콘텐츠는 지루할 수 있으므로, 사진, 일러스트, 웹툰, 카드뉴스, 동영상 같은 시각 자료를 포함하면 독자가 내용을 더 쉽게 이해할 수 있다.

예를 들어, 미용 서비스 업종에서 '피부 타입별 맞춤 스킨케어 팁'이라는 콘텐츠를 작성할 때, 피부 타입별 스킨케어 루틴을 한눈에 볼 수 있는 그래픽을 포함하면 이용자와 AI 모두에게 유용하다. 또한 '호텔 체크인 팁 10가지'를 카드뉴스로 제작하거나, 레스토랑의 주요 요리를 짧은 영상으로 소개하면 콘텐츠의 매력이 배가된다.

정기적인 업데이트

정기적인 업데이트가 필요하다. 블로그 콘텐츠는 최신 정보를 반영해야 하며, AI는 새로운 정보를 학습하기 때문에 주기적으로 업데이트되지 않으면 콘텐츠의 효과가 떨어질 수 있다.

예를 들어, 항공업의 블로그에서는 '최신 항공권 할인 정보'나 '현재 인기 있는 여행지 TOP 10' 같은 콘텐츠를 정기적으로 업데이트해야 한다. 이를 통해 AI가 최신 정보를 학습하고, 이용자들에게도 실질적으로 유용한 정보를 제공함으로써 블로그의 신뢰도를 유지할 수 있다. 또한 구체적인 날짜나 기간을 포함해 정보를 업데이트하면 독자에게 더욱 명확한 정보를 제공할 수 있다.

AEO에 친화적인 블로그 콘텐츠는 소비자의 질문에 명확한 답을 제공하고, AI 학습을 지원하며, 데이터와 스토리텔링을 결합하여 가독성과 신뢰도를 높이는 데 초점을 맞춰야 한다. 특히 서비스업에서는 고객의 질문에 실질적인 답변을 제공하고, 신뢰성 있는 데이터와 시각자료를 활용하며, 정기적으로 업데이트를 함으로써 경쟁력을 확보할 수 있다. 이러한 콘텐츠는 AI와 소비자 모두에게 가치 있는 정보를 제공하며, 검색 노출과 브랜드 신뢰도를 동시에 높이는 데 효과적이라 할 수 있다.

HTML 블로그 작성 6단계

AI 시대의 콘텐츠 제작은 점점 더 자동화되고 구조화되어 가고 있다. 특히 블로그 콘텐츠를 효율적으로 작성하고 게시하는 과정에서도 마크다운(Markdown)과 HTML의 활용은 매우 실용적이다. 여기서는 챗GPT(ChatGPT)와 같은 생성형 AI를 활용해, 블로그 글을 HTML 형식으로 정리하고, 이를 블로그에 효과적으로 게시하는 방법을 6단계로 소개한다.

1단계: 블로그 글 초안 작성

블로그 글을 직접 쓰거나, AI에게 부탁한다. 콘텐츠 초안은 직접 작성해도 좋고, 챗GPT에게 '○○에 관해 블로그 글을 써 줘'라고 요청할 수도 있다.

예를 들어 "초코파이 딸기 생크림맛을 소개하는 블로그 글을 작성해 줘. 제품 특징, 추천 이유, 구매처를 포함해 줘"라고 프롬프트를 입력하면, 초안이 자동으로 생성된다.

2단계: 마크다운 형식 변환

초안을 마크다운 형식으로 변환한다. 직접 쓴 글이라면, 이를 챗GPT에게 마크다운 문법으로 정리해 달라고 요청한다.

예를 들어 챗GPT에게 "이 글을 마크다운 형식으로 변환해 줘"라고 지시하면, 제목은 '#', 소제목은 '##', 리스트는 '-' 기호로 정리된 글로 바뀐다. 이렇게 하면 전체 글의 구조가 명확해지고, 이후 HTML 변환도 쉬워진다.

[마크다운 형식]

```
# 초코파이 딸기 생크림맛 후기
## 제품 특징
- 봄 한정
- 생크림 강화
- 딸기향 업그레이드
```

3단계: HTML로 변환

마크다운을 HTML로 변환한다. 마크다운 형태의 글은 HTML로 변환해야 블로그 플랫폼에서 정확하게 표시된다. 챗GPT에 "이 마크다운을 HTML로 바꿔 줘"라고 요청하면, '〈h1〉', '〈ul〉', '〈li〉' 태그가 포함된 HTML 코드로 바뀐다.

```
[HTML 코드]
〈h1〉초코파이 딸기 생크림맛 후기〈/h1〉
〈h2〉제품 특징〈/h2〉
〈ul〉
  〈li〉봄 한정〈/li〉
  〈li〉생크림 강화〈/li〉
  〈li〉딸기향 업그레이드〈/li〉
〈/ul〉
```

4단계: HTML를 블로그에 삽입

HTML 코드를 블로그에 붙여 넣는다. 현재 네이버 블로그는 'HTML 편집' 기능이 사라졌고, 티스토리 블로그 글쓰기 화면에서 'HTML 편집' 모드로 들어가서 변환된 HTML 코드를 그대로 붙여 넣는다. 이때 일반 텍스트 모드가 아닌 HTML 모드여야 글의 구조가 그대로 유지된다.

네이버 블로그에서 HTML 편집 기능이 사라진 이후에는 마크업 태그를 직접 삽입하는 대신에 마크다운 형식의 구조화 감각을 살려 텍스트를 정리하는 방식으로 대응해야 한다.

예를 들어, '## 제품 특징' 같은 소제목은 '[제품 특징]'으로, 리스트는 '- 봄 한정', '- 딸기향 강화'처럼 일반 기호와 줄바꿈을 활용해 구성한다. 이렇게 하면 콘텐츠의 시각적 구조는 유지되며, AI와 독자 모두가 정보를 빠르게 이해할 수 있는 형태로 콘텐츠를 전달할 수 있다.

5단계: 이미지, 해시태그 등 추가

이미지, 해시태그 등을 추가한다. 본문에 어울리는 제품 사진이나 사용 이미지 등을 삽입하고, '#초코파이', '#봄간식', '#딸기디저트' 같은 해시태그를 넣어 검색성과 노출 가능성을 높인다.

6단계: 콘텐츠 발행

콘텐츠를 발행한다. 작성한 글을 미리 보기로 확인한 후, 필요한 수정을 거쳐 발행한다. 이렇게 하면 구조화한 콘텐츠가 깔끔하게 블로그에 게시되며, 검색엔진과 AI에도 잘 인식될 수 있다.

이 과정은 단순히 콘텐츠를 쓰고 올리는 절차를 넘어 AI가 이해하기 쉬운 구조로 콘텐츠를 정리하고 배포하는 실질적인 전략이다. 마크다운과 HTML을 이해하고 활용하는 능력은 이제 블로그 운영자나 기업기관 PR(Public Relations) 실무자에게도 중요한 디지털 문해력의 일부가 되고 있다.

SNS 질문형 게시물과 해시태그 전략

인스타그램, 페이스북, X, 스레드, 틱톡 같은 SNS는 실시간 상호작용과 사용자 참여를 유도하는 중요한 플랫폼이다. 특히, 질문형 게시물은 시민이나 소비자의 관심을 끌고, AI 학습 데이터로 효과적이다. 질문형 게시물은 사용자의 참여를 유도하고, 기업기관이 시민이나 소비자의 요구를 좀 더 쉽게 이해할 수 있도록 한다. 예를 들어 "여러분이 선호하는 운동 후 마시는 음료는 무엇인가요?"와 같은 질문은 댓글을 유도하고, 소비자 인사이트를 얻는 데 효과적이다. 이러한 게시물은 소비자와의 관계를 강화하고, AI가 질문과 답변 데이터를 학습하는 데도 도움을 준다.

질문형 게시물은 지자체나 공공기관 SNS 운영에도 유용하다. 예를 들어, 한 지자체에서 인스타그램에 "여름에 가장 추천하고 싶은 해변은?"이라는 질문형 게시물을 게시하고, 시민들이 남긴 댓글을 분석해 가장 인기 있는 해변 3곳을 선정해 이를 중심으로 한 관광 가이드 콘텐츠를 제작했다. 해당 콘텐츠는 SNS에서 수천 회 이상 공유되어 여름철 관광객 유치에 도움을 줄 수 있다. "쓰레기 분리배출 시 가장 어려운 점은 무엇인가요?"라는 질문형 게시물을 게시해 시민들의 의견을 수집할 수도 있다. 댓글에서 "분리수거 규칙이 어렵다"는 의견을 다수 확인하고, 이를 바탕으로 시청 홈페이지와 소셜미디어에 간단한 분리배출 가이드 영상을 제작해 배포해 시민들에게 큰 호응을 얻을 수 있다.

노출을 높이는 질문형 게시물 작성 전략은 다음과 같다.

다양한 질문형 게시물 활용

목적에 따라 질문 방법을 다양하게 활용하자.

- 응답 참여율을 높이기 위한 명확한 질문
  "우리 시에서 가장 추천할 만한 공원 산책로는?"
- 데이터 수집을 위한 선택형 질문
  "주말에 선호하는 휴식 장소는 공원인가요, 카페인가요?"
- 아이디어를 얻기 위한 개방형 질문
  "우리 시의 교통 문제를 개선하려면 무엇이 필요할까요?"

시각 자료 활용

시각 자료와 결합한 콘텐츠를 발행하자. 질문형 게시물에는 관련된 이미지를 추가하면 참여율이 더욱 높아진다. 지자체 인스타그램에 "우리 시의 대표 명소 중 어디를 가장 좋아하시나요?"라는 질문과 함께 주요 관광 명소의 사진을 첨부하면 시민들의 관심과 참여를 유도할 수 있다.

결과 데이터 활용

결과 데이터를 활용하자. 질문형 게시물의 댓글, 좋아요, 공유 등을 통해 얻은 데이터를 분석해 정책 및 PR 전략에 반영할 수 있다. 예를 들어 '가장 많은 시민이 추천한 관광 명소 TOP 5'라는 데이터를 기반으로 블로그 콘텐츠나 PR 캠페인을 기획할 수 있다. 또 AI를 활용해 데이터를 학습시키면 향후 더욱 정교한 맞춤형 정책을 설계할 수 있다.

질문형 게시물은 시민 참여를 유도하고, AI 학습 데이터를 제공하며, 지자체의 정책 및 PR 전략을 개선하는 데 매우 효과적인 도구다. 다양한 질문형 게시물과 시각 자료를 결합하면 참여율이 높아지고, 수집된 데이터를 활용하면 더 나은 콘텐츠와 정책을 설계할 수 있다.

또, 해시태그와 링크는 SNS와 검색엔진에서 콘텐츠의 가시성을 높이고, 사용자와의 연결을 강화하는 데 중요한 역할을 한다. AEO 효과를 극대화하려면 적절한 해시태그와 링크 최적화를 활용해 소비자와의 접점을 늘려야 한다.

해시태그 전략은 다음을 유념해야 한다.

관련 키워드 사용

콘텐츠와 연관된 해시태그를 사용하면 검색 노출을 크게 높일 수 있다. 예를 들어, '#핸드드립커피', '#콜드브루추천', '#모닝커피', '#디카페인' 같은 해시태그를 활용해 다양한 소비자 니즈를 반영하고, 소비자가 필요로 하는 정보를 제공하자.

AI로 트렌드 분석과 활용

AI와 SNS 분석 도구를 활용해 트렌드 키워드를 파악하고, 이를 해시태그로 활용하면 최신 소비자 관심사를 반영할 수 있다. 커피 업계에서 유행하는 '#크로플과커피', '#홈카페' 같은 트렌드 키워드를 게시물에 포함하면 소비자 참여를 유도할 수 있다. 또한, '#홍대카페', '#서울핸드드립'과 같이 지역 소비자를 타기팅할 수도 있다.

나만의 브랜드 해시태그 사용

나만의 브랜드 해시태그를 만들어 지속해서 사용하면 브랜드 인지도를 효과적으로 높일 수 있다. 예를 들어, 한 커피 전문점이 '#DailyCoffeeWithUs'와 같은 고유 해시태그를 만들어 캠페인과 게시물에 꾸준히 활용한다면, 소비자들은 자연스럽게 해당 브랜드와 관련된 콘텐츠를 떠올리게 된다.

해시태그는 소셜미디어와 검색엔진에서 콘텐츠의 가시성을 높이고, 소비자와의 연결을 강화하는 데 핵심적인 도구다. 커피업종에서는 트렌드 키워드, 지역 해시태그, 브랜드 해시태그를 활용해 소비자의 관심을 끌어낼 수 있다.

트렌드 모니터링 활용 카드뉴스 5단계

AI로 트렌드를 분석하고, 질문형 카드뉴스를 제작해 보겠다. 모바일 뱅킹 서비스를 예로 들어 보자.

모바일 뱅킹 서비스처럼 실생활에 밀접한 서비스를 알릴 때는 고객의 일상적 관심사와 트렌드를 반영하는 콘텐츠가 효과적이다. 특히 카드뉴스는 핵심 메시지를 간결하고 시각적으로 전달할 수 있어 금융, IT, 공공 등 다양한 분야에서 활용도가 높다. AI를 활용해 트렌드를 분석하고, 이를 바탕으로 질문형 카드뉴스를 만드는 5단계를 소개하겠다.

1단계: AI에 주제와 트렌드 분석 요청

생성형 AI에 "최근 2030세대가 모바일 금융 서비스에서 궁금해하는 주제는 무엇인가요?"와 같이 질문한다. AI는 뉴스, SNS, 블로그, 검색 트렌드 등을 종합해 '모임통장', '잔돈 자동저축', 'MZ세대 재테크', '보이스피싱 예방' 등 키워드를 제시해 준다. 이 결과를 기반으로 어떤 메시지를 담아야 고객과 공감할 수 있을지 가늠한다.

2단계: 키워드 기반 해시태그 추출

AI에 "위에서 제시한 키워드로 인스타그램에 활용할 해시태그 10개를 추천해 주세요"라고 요청한다. 그러면 AI는 예를 들어 '#앱테크', '#잔돈모으기', '#2030금융', '#모임통장', '#자동저축', '#MZ재테크' 등을 제시해 준다. 이 해시태그를 카드뉴스 마지막 장이나 게시글 본문에 삽입하면, 검색 노출 확률이 높아진다.

3단계: 질문형 카드뉴스 주제 도출

트렌드와 키워드를 바탕으로 고객이 실제로 던질 법한 질문을 AI에 요청한다. "위 주제에 관해 고객의 질문을 뽑아 주세요"라고 써 보자. AI는 다음과 같은 질문을 제시해 준다.

"잔돈, 어떻게 모으고 계신가요?"

"모임통장, 여전히 엑셀로 관리하시나요?"

"앱테크, 시작은 했는데 정리 안 되시죠?"

이러한 질문은 카드뉴스의 슬라이드 제목이 되며, 고객의 눈을 사로잡는 후킹 문장으로 사용할 수 있다.

4단계: 카드뉴스 슬라이드별 구성안 작성

각 질문에 대해 AI에 "이 질문을 5장짜리 카드뉴스로 구성해 주세요"라고 지시하면 다음과 같이 정리해 준다.

1장: 질문(후킹)

2장: 트렌드 현황

3장: 문제점 또는 공감 상황

4장: 해결책 (자사 서비스 기능 소개)

5장: 콜 투 액션 (앱 실행 유도, 해시태그 포함)

이러한 구성안으로 구체적인 카드뉴스 스토리보드를 요청하면 카피 문구와 이미지 등 더 자세한 내용을 만들어 준다.

5단계: 디자인 연계와 게시 준비

완성한 스토리보드를 디자이너에게 넘기거나 챗GPT, 미드저니(Midjourney), 캔바(Canva)와 같은 도구로 시각화한다. 이미지 완성 후 해시태그와 함께 인스타그램, 페이스북, 블로그 등 채널에 게시한다. 이후 AI 검색이나 SNS 반응을 추적해 어떤 질문이 잘 작동했는지 데이터로 분석하고 다음 콘텐츠 기획에 반영한다.

이처럼 트렌드를 반영한 질문형 카드뉴스는 AI가 제시한 트렌드를 활용해 고객의 궁금증을 해결하고 기업의 기능을 자연스럽게 소개하는 구조다. 생성형 AI는 단지 콘텐츠를 대신 써 주는 도구를 넘어 기획의 출발점부터 콘텐츠의 완성까지 함께하는 전략 파트너로 자리매김하고 있다.

참고문헌

김태욱(2015). 《똑똑한 홍보팀을 만드는 실전홍보세미나》. 커뮤니케이션북스.

김태욱(2024). 《AI로 PR하기》. 커뮤니케이션북스.

09
AEO와 사내외 기자단 운영

AI 시대의 사내 기자단은 단순한 내부 소식 전달을 넘어 AI와 공중이 학습할 수 있는 고품질 콘텐츠를 제작해야 한다. '질문과 답변' 형식과 데이터 기반 콘텐츠를 활용해 AI 학습과 신뢰를 구축해야 한다. 외부 전문가가 참여하는 사외 기자단은 콘텐츠의 객관성과 신뢰도를 강화하는 역할을 하며 제품 리뷰, 학술 세미나, 전문가 기고 등의 방식으로 운영할 수 있다.

AI와 화장품?

AEO를 위한 사내 기자단의 역할

AI 시대의 사내 기자단은 단순히 기업이나 기관의 내부 소식을 전달하는 역할을 넘어 AI 고객이 학습하고, 소비자, 시민, 이용자 등 인간 고객이 활용할 수 있는 콘텐츠를 제공해야 한다. 사내 기자단은 기업기관 내부와 관련된 다양한 정보를 체계적으로 수집해 고품질의 콘텐츠로 제작해야 한다. 새로운 제품 개발 스토리나 정책 스토리, 임직원 인터뷰, 최신 기술 적용 사례와 같은 정보는 AI와 사람 모두에게 흥미롭고 유익한 자료가 될 수 있다. 기자단은 정보를 명확하고 체계적으로 정리하여 기업이나 기관의 가치를 효과적으로 전달하는 역할을 한다.

특히 AI가 학습하기 적합한 콘텐츠 형태를 구성하는 것이 중요하다. 특히, '질문과 답변' 구조로 작성된 콘텐츠는 AI 학습과 소비자, 시민, 이용자의 만족을 동시에 충족하게 한다. 예를 들어 '우리 제품이 환경에 미치는 긍정적 영향'을 주제로 좀 더 심층적인 보고서를 작성하거나, 데이터와 인포그래픽을 결합하여 시각적으로 이해하기 쉬운 자료를 제작하면 유용하다.

사내 기자단이 제작하는 콘텐츠는 단순히 정보를 나열하는 것을 넘어 데이터와 스토리텔링을 결합하여 공중과 AI에게 신뢰와 가치를 제공해야 한다. 한 전자회사가 '고객 리뷰를 반영한 제품 개선'이라는 주제로 작성한 블로그 콘텐츠는 좋은 사례다. 이런 콘텐츠는 고객의 피드백을 분석하고 이를 제품 개발에 반영하는 과정을 자세히 설명함으로써 소비자에게는 신뢰를 주고 AI에는 학습 데이터를 제공할 수 있다.

사내 기자단의 주요 역할을 정리하면 다음과 같다.

내부 정부 수집과 고품질 콘텐츠 제작

사내 기자단은 기업이나 기관 내부와 관련된 다양한 정보를 수집하고, 이를 체계적으로 정리하여 고품질의 콘텐츠를 제작한다. AI 시대 PR(Public Relations)은 검색엔진 중심의 SEO(Search Engine Optimization, 검색엔진 최적화) 전략과는 다른 AEO(Answer Engine Optimization, 답변엔진 최적화) 전략으로 AI가 학습할 수 있도록 전문적인 고품질의 콘텐츠가 필요하다.

질문과 답변 형태의 콘텐츠 제작

사내 기자단은 AI가 학습하기 적합하고 소비자와 시민이 궁금증을 쉽게 해소할 수 있도록 '질문과 답변' 형태의 구조화한 콘텐츠를 제작해야 한다. FAQ 형식이나 인포그래픽이 좋다.

데이터 기반 콘텐츠 제작

사내 기자단이 만든 콘텐츠는 신뢰가 핵심이다. 그래서 데이터를 기반으로 한 콘텐츠를 만들어 AI를 학습시키고, 소비자와 시민의 신뢰를 얻어야 한다.

기자와 같은 취재 활동

사내 기자단은 콘텐츠 개발을 위해 스스로 언론사 기자라고 생각하고 적극적이고 전문적인 취재 활동을 해야 한다.

사외 기자단 등 외부 전문가 활용

기업이나 기관의 콘텐츠 전문성과 신뢰도를 높이기 위해서는 때론 외부 전문가로 이뤄진 사외 기자단도 필요하다. 외부 전문가는 기업기관이 제공하는 정보의 객관성과 신뢰도를 강화할 뿐만 아니라 AI와 공중에게 유용한 데이터를 제공하여 기업기관의 경쟁력을 높이는 중요한 역할을 한다. 외부 전문가의 참여는 콘텐츠의 신뢰도를 높이는 매우 효과적인 방법이다. 외부 전문가 참여 방법은 크게 4가지다.

학계 전문가 콘텐츠 제작

한 식품회사가 영양학자를 초빙하여 제품의 건강 효과를 검증하고, 이를 기반으로 블로그와 뉴스룸 콘텐츠를 제작하면, 소비자들에게 객관적인 정보를 전달하고, AI가 학습할 수 있는 신뢰성 높은 데이터를 제공하는 셈이다. 학술 자료나 권위 있는 논문 등 전문적인 의견이 포함된 콘텐츠는 AI의 학습 정확도를 높이며, 소비자에게는 신뢰할 수 있는 정보를 제공한다. 또한 전문가의 참여는 브랜드 이미지 강화에도 긍정적이다. 전문가와의 협업은 기업기관이 전문성과 신뢰를 갖춘 브랜드라는 인식을 심어 주기 때문이다.

전문가의 제품 리뷰 콘텐츠 제작

전문가의 리뷰 콘텐츠 역시 제품이나 서비스의 기술적 우수성을 강조할 수 있다. 자동차 기업인 경우 '안전 전문가 리뷰'를 제작하면 AI와 소비자에게 제품의 우수성을 효과적으로 전달할 수 있다. 전문가가 직접 제품을 테스트하고 리뷰한 내용은 소비자들에게 설득력을 더하며 브랜드 신뢰도를 강화할 수 있다.

학술 세미나 개최 및 콘텐츠 제작

학술 세미나 역시 외부 전문가와 협업하여 신뢰를 구축하는 효과적인 방법이다. 제약회사의 경우 '최신 의약품 개발 동향'을 주제로 학술 세미나를 개최하고 이를 콘텐츠로 제작하여 AI와 공중에게 신뢰를 제공할 수 있다. 세미나 발표 자료와 논의 내용을 기반으로 작성된 콘텐츠는 의약품의 효능과 안전성을 강조하며 소비자에게 신뢰를 심어 줄 수 있다.

전문가 중심 사외 기자단 활용

외부 전문가를 중심으로 사외 전문가를 구성해서 전문적인 콘텐츠를 정기적으로 개발하고 제작 발행하면, 단순히 콘텐츠의 질을 높이는 것을 넘어 브랜드와 소비자의 신뢰 관계를 강화하고 AI 시대의 경쟁력을 높이는 좋은 전략이다.

전문가 참여 콘텐츠, 전문가 리뷰, 학술 세미나 개최, 사외 기자단 등 전문가의 참여는 기업기관 콘텐츠의 객관성을 보장하고, AI 고객과 인간 고객 모두에게 가치 있는 정보를 제공한다.

AEO 전략을 위한 기자단 운영

효과적인 사내외 기자단 운영을 위해서는 지속 가능성을 고려한 체계적인 접근이 필요하다. 사내외 기자단은 전문 콘텐츠 생산으로 AEO 전략의 지속적 실행을 지원해야 한다. 성공적인 AEO 전략 실현을 위해서는 사내외 기자단 운영에 몇 가지 중요한 원칙이 필요하다.

정기적인 콘텐츠 생산

사내외 기자단은 정기적으로 콘텐츠를 생산해야 한다. 기자단은 정기적으로 전문성을 띤 고품질의 콘텐츠를 생산하여 AI와 공중 모두에게 최신 정보를 제공한다. 예를 들어, 분기별로 주요 성과와 계획을 콘텐츠로 제작하고, 이를 공중과 공유하는 것은 기업의 신뢰도를 높이는 데 중요한 역할을 한다. 특정 이벤트나 신제품 출시와 같은 시점에 맞춘 콘텐츠를 제작하여 적시에 공중과 소통하는 것도 필요하다. 이러한 정기적인 콘텐츠 생산은 공중과 신뢰를 유지하고, AI에 지속적 학습 데이터를 제공하게 된다.

체계적인 콘텐츠 관리와 업데이트

콘텐츠를 체계적으로 관리하고 지속해서 업데이트해야

한다. 기존 콘텐츠를 주기적으로 점검하여 정보가 시대에 뒤처지지 않도록 유지하는 것이 필수다. 특히 AI는 최신 정보를 선호하기 때문에 업데이트가 이루어지지 않은 콘텐츠는 학습 데이터로서 가치를 잃을 수 있다. 따라서 정기적인 콘텐츠 점검은 AEO 전략의 핵심이다. 과거에 작성된 블로그 게시물이 여전히 유효한지 점검하고, 최신 데이터와 트렌드를 반영하여 수정해야 한다.

콘텐츠 성과 분석 및 개선

콘텐츠 성과를 분석하고 이를 바탕으로 개선해야 한다. 제작된 콘텐츠가 AI와 공중에게 얼마나 효과적으로 전달되었는지를 평가하기 위해 정기적인 성과 분석을 해야 한다. 예를 들어, 블로그 게시물의 조회 수, 소셜미디어 콘텐츠의 참여율, 검색엔진에서의 순위 등을 모니터링해야 한다. 이를 통해 어떤 유형의 콘텐츠가 가장 효과적인지 파악하고, 부족한 부분을 개선할 수 있다. 성과 분석으로 다음 콘텐츠 전략을 설계하자.

기자단 운영 효율화

기자단을 효율적으로 운영해야 한다. 기업기관은 기자단 운영을 위해 적절한 인력과 예산을 배정해야 하며, 콘텐츠 제작 프로세스를 효율적으로 관리할 수 있는 시스템을 구축해야 한다. 예를 들어, 사내 기자단과 외부 전문가를 혼합하여 협력 체계를 구축하거나, 콘텐츠 관리 플랫폼을 활용하여 제작 과정을 체계화할 수 있다.

AI 활용으로 생산성 극대화

AI 기술을 도입하여 기자단 운영의 생산성을 극대화해야 한다. AI 도구를 활용하면 데이터 분석, 콘텐츠 기획, 생성 과정 등이 자동화되어 기자단이 더 창의적이고 전략적인 작업에 집중할 수 있다. AI를 활용해 소비자가 자주 묻는 질문을 분석해 콘텐츠 주제를 선정하거나, 콘텐츠의 성과를 실시간으로 추적하고 개선 방향을 제안할 수 있다.

또한 사외 기자단 운영은 별도의 운영 방법이 필요하다. 사외 기자단은 대부분 온라인미디어와 SNS에서 활동하는 대학생기자단, SNS기자단, 온라인기자단, 블로그기자단 등이다. 기업이나 기관이 사외 기자단을 운영할 때 꼭 유념할 사항은 다음과 같다.

첫째, 사외 기자단의 운영 목적이 뚜렷해야 한다. 사외 기자단을 왜 운영하는지 목적과 목표를 잘 정해야 한다. 목적과 목표가 분명하지 않으면 운영하는 기업기관 측이나 사외 기자단 모두 애매하게 끝날 수 있다. 운영 목적, 사외 기자단 명칭, 운영 기간, 구체적인 활동 등이 명확해야 한다.

둘째, 사외 기자단의 콘텐츠 개발 역량을 키워 주어야 한다. 사외 기자단은 다양한 사람이 모인다. 물론 선발 과정을 거치겠지만 글쓰기 능력이나 콘텐츠 제작 능력은 서로 차이가 있다. 교육이나 워크숍을 통해 역량을 키워 줘야 한다.

셋째, 사외 기자단에게 관련 전문 지식을 교육해야 한다. AI는 전문적이고 신뢰 있는 정보를 학습하므로 사외 기자단이 작성한 콘텐츠가 심층적이고 전문성이 담겨야 한다. 이를 위해 콘텐츠 개발 역량과 더불어 관련 산업이나 정책에 대해 전문성을 키워야 한다.

넷째, 사외 기자단의 과제를 제대로 관리해야 한다. 사외 기자단이 해야 할 과제를 명료하게 정하고 성과물에 대한 보상도 명확하게 해야 한다. 예를 들면, 과제는 매주, 블로그 글 1개와 SNS 카드뉴스 1개 만들기, 메시지는 꼭 담길 것, 키워드는 2개 이상 쓸 것, 사진은 5장 이상 넣을 것, 보상은 사외 기자단 가점 10점에 보상금 20만원 등. 이런 식으로 명확하게 과제를 주고 콘텐츠 품질도 관리해야 한다.

참고문헌

김태욱(2015). 《똑똑한 홍보팀을 만드는 실전홍보세미나》. 커뮤니케이션북스.

김태욱(2024). 《AI로 PR하기》. 커뮤니케이션북스.

10
AI 시대 뉴스룸 운영 전략

AI 시대의 뉴스룸 콘텐츠는 공중, 언론, AI가 쉽게 정보를 활용하도록 구조화한 데이터를 적용하자. 기사 제목, 발행일, 키워드 등을 스키마 마크업으로 정리하고, 검색 기능 강화, 미디어 자료 제공 등을 통해 접근성을 높여야 한다. 뉴스룸은 위기 상황에서 대응 플랫폼 역할이 가능하다. AI 시대에 PR팀은 AI를 활용한 데이터 분석, 자동화 도구 도입, AI 협업 모델을 구축해야 한다. 결국 PR팀은 전통적인 PR과 SEO를 포함한 AEO 전략을 준비해야 한다.

종교와 AI?

구조화한 데이터 활용 뉴스룸 페이지

뉴스룸은 원래 방송사에서 뉴스를 제작하고 방송하는 공간이다. 예전에는 이런 공간을 방송사에서 '보도국', 신문사에서 '편집국'이라 부르는데, 요즘엔 그냥 '뉴스룸'이라 통칭한다. 기업이나 기관에서는 자사의 뉴스를 효율적으로 전달하기 위해 기업 뉴스룸, 기관 뉴스룸을 구축해 활용하기도 한다. 일반적으로 홈페이지의 메뉴 중 들어 있는 '뉴스'를 별도로 발전시켜 독립 온라인미디어로 운영하는 것이 바로 기업기관의 뉴스룸이다.

이 뉴스룸은 공중과 언론, 그리고 AI가 정보를 쉽게 이해하고 활용할 수 있게 인터넷에 체계적으로 구성되어야 한다. 구조화한 데이터를 활용한 뉴스룸 콘텐츠는 기사 제목, 발행일, 키워드 등을 스키마 마크업(Schema Markup)으로 구조화해 검색엔진과 AI가 정보를 효과적으로 찾을 수 있도록 한다. 뉴스룸은 카테고리 구분, 검색 기능 강화, 미디어 자료 제공 등을 통해 공중과 언론의 접근성을 높이고, 또 AEO(Answer Engine Optimization, 답변엔진 최적화) 친화적 콘텐츠인 '질문과 답변' 형식 콘텐츠, 데이터 기반 스토리텔링, 시각 자료를 담아 AI가 쉽게 학습하도록 해야 한다.

뉴스룸에 구조화한 데이터를 적용하는 방법은 다음과

같다.

헤드라인과 날짜 표시

기사 제목과 발행일을 명확히 표시해 AI와 공중 모두가 쉽게 파악할 수 있게 한다.

카테고리 구분

보도자료, 이벤트 발표, 제품 출시, 정책 발표 등 카테고리를 체계적으로 나누어 정보 탐색을 쉽게 한다.

검색 기능 강화

주요 키워드를 중심으로 뉴스룸 콘텐츠를 검색할 수 있는 기능을 제공한다.

미디어 자료 제공

기자들이 활용할 수 있는 보도자료, 설명자료, 이미지, 동영상, 인포그래픽, 통계 등 자료를 제공해 뉴스룸을 더 유용하게 만든다.

삼성전자는 뉴스룸에 '기업뉴스', '제품뉴스', '미래동행', '프레스센터'라는 주제로 나누어 기업뉴스에서는 삼성전자의 기업문화, 기술 등을, 제품뉴스에서는 모바일, TV, 가전 등 자사 제품을, 미래동행에서는 사회공헌, 환경, 지속가능경영 등 회사가 추구하는 미래지향적인 콘텐츠를 다룬다. 또 프레스센터는 보도자료를 포함해 각종 이슈를 볼 수 있게 했다. 두산그룹 뉴스룸은 '뉴스', '두산픽처스', '인사이드', '미디어자료실'로 구성되었는데, 두산픽처스는 그룹의 동영상 뉴스를 담고, 인사이드는 두산계열사 소식이나 임직원 소식이나 스토리를 생생하게 담고 있다. 포스코 뉴스룸은 'Press Center', 'Business Story', 'Society Story', 'People & Culture Story'로 구성되었고, 쿠팡은 '쿠팡소식', '보도자료', '자료실', '회사소개'로 이뤄졌다. 무신사는 홈페이지에 뉴스룸 코너를 만들어 '보도자료', '알려드립니다' 메뉴를 다루고 있으며, 풀무원은 뉴스룸 공식 블로그를 운영하고 있다.

AEO 친화적 콘텐츠 개발

뉴스룸이 단순히 정보를 나열하는 공간에 그치지 않으려면 AEO 친화적 콘텐츠를 개발해 기업이나 기관의 신뢰도를 높여야 한다. 이는 대중과 언론의 신뢰를 얻고, AI가 기업의 메시지를 정확히 학습하도록 돕는 핵심 전략이다. AEO 친화적 콘텐츠는 AI와 공중 모두를 만족시켜야 한다. 주요 요소는 다음과 같다.

'질문과 답변' 형식 콘텐츠

AI와 공중이 궁금해하는 질문을 만들어 이에 정확히 답변할 수 있는 형식이 좋다. 이런 '질문과 답변' 스타일, FAQ 형식 콘텐츠는 AI나 공중 모두 선호하는 콘텐츠다.

구조화한 형식 적용

뉴스룸에 콘텐츠 스키마 마크업을 통해 구조화하여 AI와 검색엔진이 쉽게 학습할 수 있도록 해야 한다.

데이터 기반 콘텐츠

AI와 공중은 신뢰 있는 콘텐츠를 선호한다. 콘텐츠에 신뢰할 수 있는 통계와 연구데이터를 포함해 정보의 신뢰성을 강화해야 한다.

사용자 관점의 스토리텔링

소비자나 이용자가 공감할 수 있는 스토리와 사례를 통해 기업기관의 메시지를 전달해야 한다.

시각 자료 활용

텍스트만 나열하기보다는 이미지, 차트, 인포그래픽 등을 포함해 정보를 직관적으로 전달해야 한다.

AEO 친화적 콘텐츠는 공중과 언론의 신뢰를 높이는 동시에 검색엔진 최적화를 통해 디지털 노출을 극대화할 수 있다. 또한 AI가 학습하는 콘텐츠가 된다.

위기관리와 대응 방안

뉴스룸은 단순히 정보를 제공하는 공간을 넘어, 기업이 위기 상황을 관리하고 신뢰를 회복하는 데 중요한 플랫폼으로 기능해야 한다. 위기관리와 신뢰 구축을 위한 뉴스룸 활용은 신속하고 투명한 대응을 통해 대중과 언론의 신뢰를 회복할 수 있게 한다.

위기 상황에서는 공중과 언론이 기업기관의 공식 입장을 확인할 수 있는 신뢰할 수 있는 플랫폼이 필요하다. 바로 뉴스룸의 주요 역할 중 하나다. 위기 상황 시 뉴스룸 역할은 다음과 같다.

즉각적인 대응

위기 상황에 대한 공식 성명을 신속히 게시해 잘못된 정보가 확산하는 것을 방지한다.

'질문과 답변' 게시

대중과 언론이 자주 묻는 질문에 대한 명확한 답변을 게시해 혼란을 줄인다.

투명성 강화

위기 원인, 해결 방안, 후속 조치를 투명하게 공개해 공중과의 신뢰를 강화한다.

뉴스룸에서 신뢰를 강화하기 위해서는 모든 발표 내용은 신뢰할 수 있는 근거와 함께 명확히 전달되어야 한다. 뉴스룸뿐만 아니라 소셜미디어, 이메일, 보도자료 등을 연계해 다양한 채널로 정보를 확산해야 한다.

위기 상황에서 적절한 대응은 기업의 신뢰를 회복하는 데 필수다. 뉴스룸은 이러한 대응을 체계적이고 효과적으로 실행할 수 있는 중요한 도구로, 위기관리뿐만 아니라 브랜드 신뢰도를 장기적으로 유지하는 데 큰 역할을 한다.

위기 상황에서는 뉴스룸이 즉각적인 성명 발표와 투명한 정보 제공을 통해 혼란을 방지하고 신뢰를 회복하는 중요한 플랫폼으로 기능한다. 이러한 뉴스룸 운영은 AI 시대에서 기업의 디지털 자산으로 자리 잡으며 경쟁력을 강화하는 핵심 전략이 된다.

AI 활용 조직으로 변화

AI 시대에 적응하려면 PR팀은 기존의 운영 방식에서 벗어나 AI 활용 조직으로 변화해야 한다. 이는 기술적 변화뿐만 아니라 조직 문화와 구조의 변화를 포함한다.

첫째, AI 도구를 활용한 업무 자동화가 필요하다. AI는 반복적이고 시간이 많이 소요되는 업무를 자동화하여 PR(Public Relations)팀이 더 창의적이고 전략적인 업무에 집중할 수 있도록 한다. 예를 들어, 보도자료 작성 초안을 AI가 생성하도록 하고, PR팀이 이를 수정하고 보완하는 방식으로 업무 효율성을 높일 수 있다. 또한 AI는 소셜미디어 게시물 작성, 데이터 분석, 콘텐츠 퍼포먼스 측정 등 다양한 작업을 지원할 수 있다.

둘째, 데이터 중심의 의사 결정이 필요하다. AI는 데이터를 분석하고 패턴을 도출하여 최적의 전략을 제안할 수 있다. 예를 들어, AI 기반 데이터 분석 도구를 활용하여 소비자 선호도를 분석하고, 이를 바탕으로 PR 캠페인을 설계할 수 있다. 데이터 중심의 접근 방식은 PR팀이 더 나은 결정을 내리고, 효과적인 결과를 얻는 데 도움을 준다.

셋째, 조직 내부의 AI 활용 문화를 조성해야 한다. PR팀 내에서 AI 활용 사례를 공유하고, 직원들이 새로운 기술을 시도할 수 있도록 장려하는 환경을 만들어야 한다. 이를 위해 AI 관련 교육 프로그램을 도입하거나, AI 전문가를 채용하여 기술적 지원을 제공할 수 있다.

넷째, AI와의 협업 모델을 구축해야 한다. PR팀은 AI를 단순한 도구로 보는 것을 넘어, 전략적 파트너로 활용해야 한다. AI는 데이터를 기반으로 한 통찰력을 제공하고, PR팀은 이를 바탕으로 전략을 수립하며, 상호 보완적인 관계를 형성해야 한다.

다섯째, PR팀은 전통적 PR과 SEO(Search Engine Optimization, 검색엔진 최적화)를 포함한 AEO 전략을 준비해야 한다. 생성형 AI에서 브랜드 노출을 극대화하기 위해서는 검색엔진 중심의 온라인 PR과 보도자료 배포 등 전통 PR을 포괄하는 통합적 AEO 전략이 필요하다.

참고문헌

김태욱(2024). 《AI로 PR하기》. 커뮤니케이션북스.

THE PR(2023.1.20). '기업 뉴스룸이라는 장르의 커뮤니케이션'.

https://www.the-pr.co.kr/news/articleView.html?idxno=49685
뉴스와이어(2021.2.23). '기업 뉴스룸 사례'.
https://blog.newswire.co.kr/?p=12151
지디넷코리아(2025.4.15). '챗GPT에서 브랜드 노출 극대화하려면 어떻게 해야 할까'.
https://v.daum.net/v/20250415111600725

김태욱

홍보교육컨설팅㈜스토리엔 대표이며 한국생산성본부 홍보마케팅 전임교수다. 오리온그룹·ADT캡스 홍보팀장, 성신여대 외래교수를 지냈고, 문화체육관광부, 법무부, 국방부, 환경부, 해외문화홍보원, 건강보험심사평가원, 서울시인재개발원, 한국보건복지인재원, 한국사회복지협의회, 서울시교육청교육연수원, 서울시50플러스재단, 서울경제진흥원, SH서울주택공사, 경기복지재단, 농촌진흥청, 부산시청, 인천시청, 세종시청, 성균관대학교, 성신여자대학교, 가톨릭대학교, 을지대학교, 삼성, LG, SK텔레콤, 롯데, CJ, NH농협 등을 대상으로 컨설팅과 강의를 했다. 성균관대학교에서 영어영문학과 신문방송학을 공부하고 서울시립대학교에서 경영학 석사학위를 받았다. 저서로는 《AI로 PR하기》(2024), 《정책홍보 보도자료 작성 실무》(공저, 2020), 《1인 기업 홍보 마케팅 전략》(2019), 《브랜드스토리 10가지 기법》(2016), 《사회복지 홍보》(공저, 2016), 《퍼스널 스토리텔링 전략》(2015), 《똑똑한 홍보팀을 만드는 실전홍보세미나》(개정판, 2015), 《전략홍보 워크북》(2007) 등이 있다.